高等学校教材

大学体育

2

（富媒体）

牛美惠　青汉泽　主编

石油工业出版社
Petroleum Industry Press

内 容 提 要

本书依据科学发展的要求，紧密结合当前高校体育教学的需要和大学体育改革的现状，介绍了大学生体育课基本的教学内容，主要包括篮球、足球、排球、羽毛球 、乒乓球、网球、跆拳道、健美操、体育舞蹈、武术、游泳等运动。书中各章节配备了以二维码为载体的富媒体资源，使各体育项目变得形象、生动，拓展了教师的教学方式和学生的知识面，也有助于提升学生的学习兴趣。

本书可作为高等院校、高职院校“公共体育”课程教材，也可供各层次的体育及健身爱好者参考。

图书在版编目（CIP）数据

大学体育：富媒体. 2/牛美惠，青汉泽主编. —北京：石油工业出版社，2019.7（2021.7 重印）

高等学校教材

ISBN 978-7-5183-3476-6

Ⅰ. ①大… Ⅱ. ①牛…②青… Ⅲ. ①体育—高等学校—教材 Ⅳ. ①G807.4

中国版本图书馆 CIP 数据核字（2019）第 126824 号

出版发行：石油工业出版社

（北京市朝阳区安华里 2 区 1 号楼 100011）

网 址：www. petropub. com

编辑部：（010）64256990

图书营销中心：（010）64523633

经 销：全国新华书店

排 版：北京密东文创科技有限公司

印 刷：北京中石油彩色印刷有限责任公司

2019 年 7 月第 1 版 2021 年 7 月第 2 次印刷

710 毫米×1000 毫米 开本：1/16 印张：12.25

字数：220 千字

定价：32.00 元

（如发现印装质量问题，我社图书营销中心负责调换）

《大学体育 2(富媒体)》
编写人员

主　　编：

牛美惠　青汉泽

副 主 编：

何　俊　李佳佳　刘军华

参　　编：

杨　薇　杨哲瀚　赵　芮　武　恒

前　　言

学校体育工作的重点是增进学生身心健康，提高学生综合素质，促进学生全面发展。大学体育的目标是贯彻执行“学校教育要树立健康第一”的指导思想，让学生掌握体育的基础知识、基本技术、基本技能，切实把体育理论和体育实践结合起来，把学生培养成21世纪富有竞争力的合格人才。

“大学体育”是西南石油大学南充校区所有在校学生的必修课程。本书是根据教育部《全国普通高等学校体育课程指导纲要》《关于加强高职高专教育人才培养工作的意见》的基本要求，以及《学生体质健康标准》等文件的精神编写，由西南石油大学南充校区基础教学部体育教研室的教师们，广泛参阅多本优秀教材，结合多年的体育课教学经验，编写而成的集理论与实践于一体的教材。大学体育1主要讲述体育教学的理论和田径运动，大学体育2主要讲述体育实践，包含各项运动。

本书由牛美惠、青汉泽担任主编，由何俊、李佳佳、刘军华担任副主编。具体编写分工如下：牛美惠编写第三章第一节和第二节、第九章、第十章，青汉泽编写第四章，何俊编写第五章，李佳佳编写第六章、第七章，刘军华编写第一章、第三章第三节和第四节，杨薇编写第八章，杨哲瀚编写第二章，赵芮、武恒编写第十一章。本科生孙嵩、张子昂、黄甄源、李林洵、杨朝辉、侯凯文、赵晨皓、严万杰、侯前宇、杨加官参与了本书视频的录制以及稿件的校对整理。全书由牛美惠统稿。

本书在编写过程中参考了众多优秀教材和文献；同时，本书的出版得到了南充市科技知识产权局项目“多媒体网络教学平台在大学生体育教学中的应用”（项目编号：18SXHZ0023）的支持，在此一并表示感谢。

由于编者水平有限，难免有不足之处，恳请广大师生及读者批评指正。

编　者

2019年3月

目　　录

富媒体资源目录

序号	名　　称	页码
24	视频6－1　准备姿势	113
25	视频6－2　正手抽球	114
26	视频6－3　反手抽球	114
27	视频6－4　双手反手抽球	115
28	视频6－5　发球	116
29	视频6－6　接发球	116
30	视频6－7　正手截击球	118
31	视频6－8　反手截击球	118
32	视频6－9　高压球	118
33	视频6－10　正手放短球	119
34	视频6－11　反手放短球	119
35	视频6－12　网球比赛视频	124
36	视频7－1　健美操比赛视频	137
37	视频8－1　体育舞蹈比赛视频	145
38	视频9－1　前踢	149
39	视频9－2　跳前踢	149
40	视频9－3　下劈	150
41	视频9－4　后踢	150
42	视频9－5　侧踢	150
43	视频9－6　摆踢	150
44	视频9－7　跳摆踢	150
45	视频9－8　前踢＋摆踢	150
46	视频9－9　跆拳道比赛视频	155
47	视频10－1　武术比赛视频	168
48	视频11－1　游泳比赛视频	184

本教材的富媒体资源由西南石油大学南充校区基础教学部体育教研室提供,若教学需要,可向责任编辑索取,邮箱为 upcweijie@163. com。

第一章

篮球运动

第一节　篮球运动概述

一、篮球运动的起源

篮球运动自 1891 年起源于美国，是美国马萨诸塞州斯普林菲尔得市基督教学校体育教师詹姆士·奈史密斯(James Naismith)所创。当时需要一项适合在冬季室内进行体育竞赛的运动项目，奈史密斯从工人和儿童用球向“桃子筐”做投准的游戏中得到启发。起初，他设计将两只桃篮分别钉在健身房内看台的栏杆上，桃篮上沿距离地面 3.048m(10ft)，用足球做比赛工具，向篮内投掷，投球入篮得一分，按得分多少决定胜负。1892 年，奈史密斯针对性地制定了原始规则。到 1893 年充实了规则，简化了竞赛程序。同年将桃篮改为活底铁质球篮，并在铁篮下沿挂了网袋。由于在每次投中篮后，须将球重新取出来显得很麻烦，于是在 1913 年将网底剪开，形成了近似现代的篮板、篮圈和篮网。因这项游戏起初使用的是桃篮和球，故取名为篮球。1895 年篮球运动传入我国天津，1949 年我国篮球运动逐步发展，至今中国篮球运动普及面广，竞技水平进步快，已形成较完整的运动理论体系，为世界篮球运动做出了积极贡献。

二、篮球运动的发展和特点

1904 年，在第三届奥林匹克运动会上第一次进行了篮球表演赛。1932 年，国际业余篮球联合会宣告成立。1936 年的第十一届奥运会上，男子篮球被列为正式比赛项目。1976 年的第二十一届奥运会上，女子篮球被列为奥运会的正式比赛项目。自 1992 年第二十五届奥运会开始，职业篮球运动员被允许参加奥运会的篮球比赛。美国“梦之队”的参赛使世界篮坛更为精彩纷呈。

篮球运动特点是中心点围绕篮筐和篮球而展开。其活动都是围绕如何能将篮球更快、更准、更多地投进篮筐和破坏对手投进篮筐而开展的。今后的发展趋势向着“高”“快”“准”“变”“全”方向发展,比赛会更加激烈,更具观赏性。篮球运动以其独特的魅力,深受世界各国人民的喜爱,国际篮球联合会成为单项体育人口最多的国际单项运动协会。奥林匹克运动会篮球比赛、世界篮球锦标赛、美国 NBA 职业联赛,这三大赛事代表着世界篮球运动的最高水平。

第二节　篮球运动的基本技术

篮球运动的基本技术分为进攻和防守两大部分,进攻技术有传球、接球、运球、持球突破、投篮等,防守技术有防守对手、抢球、打球、断球、盖帽等。此外,移动、抢篮板球等兼具进攻和防守技术。下面介绍几种常见的基本技术。

一、移动技术

移动技术是指在篮球比赛中队员为了变位、变速、变向和争取高度、空间时所采用的脚步动作方法的通称,是各项技术和战术的基础。移动技术主要包括跑、跳、急停、转身、滑步等。

(1)跑:是为了防守和摆脱防守,使自己处于有利位置和使对方处于被动状态。

(2)跳:有双脚和单脚起跳,起跳时用力蹬地、摆臂、伸展。

(3)急停:是移动中突然制动的一种方法。

(4)转身:是指队员的一脚做中枢脚进行旋转、另一脚做变方向的动作方法。

(5)滑步:主要是防守移动步法。

二、传球、接球技术

传球、接球是在篮球比赛中队员为了控制和支配球,并有目的地与同队队员直接转移球的方法,是相互联系和组织进攻的纽带,是实现战术配合所必须具备的基本技术。

(一)传球基本技术

1. 双手传球

(1)双手胸前传球。双手手指自然分开,拇指相对成八字形,指根以上部位触球。传球时两手带动前臂，前臂向传球方向伸出，翻腕。全身协调用力将球传出。

(2)双手头上传球。用双手持球手法把球置于头上，双手手指朝上，两肘微屈，传球时，利用小臂前摆手腕内旋并前屈手指拨球，将球传出。距离远时可增大蹬地、跨步和腰腹用力的力量。

2. 单手传球

(1)单手胸前传球。双手持球于胸前，右手传球时，双手将球引至右肩前方，右手腕稍向后伸，手心向前，左手扶球的侧下部，出球时右臂短促前伸，手腕急促向前屈，用食指、中指、无名指拨球，将球传出，如图1－1所示。

图1－1　单手胸前传球示意

(2)单手肩上传球。双手持球于胸前，两脚平行开立，右手传球时，左脚向传球方向跨出半步，右手靠左手指拨送球的力量，将球引到右肩侧上方，右肩关节引展，大小臂自然弯曲，手腕稍后屈，持球的后下方，左肩对着传球方向，重心落在右脚上。传球时，右脚蹬地发力同时转体带动上臂，前臂、手腕前屈，食指、中指、无名指用力拨球将球传出，如图1－2所示。

(3)单手体侧传球。两脚开立，双手持球于胸前。右手传球时，左脚向左侧前方跨步的同时将球引至身体右侧呈右手单手持球，出球前一刹那，持球手的拇指在上，手心向前，手腕后屈。传球时，前臂向前作弧线摆动，手腕前屈，食指、中指、无名指拨球将球传出，如图1－3所示。

(二)接球基本技术

接球时注视来球、肩臂放松、五指分开，触球时，无论单双手，手指手腕迅速握

图1－2　单手肩上传球示意

图1－3　单手体侧传球示意

球,肘回收,肩后引,缓冲来球力量,两手握球,保持身体平衡,以便做下一个动作。

(1)接反弹球。掌心要向着来球反弹的方向,屈膝弯腰并向前下方伸手迎球,五指自然分开成上、下手接球动作。在球刚刚离地弹起时,手指触球将球接住。接球后手腕迅速上翻,持球于胸腹前保持身体平衡,成基本站立姿势。

(2)接球后急停。完全接球后急停已成为进攻技术的基础。要点是正确运用转入下次进攻的衔接点,不要犯带球走步等违规的动作。

(3)摆脱接球。摆脱接球是抢先一步接球的动作。为了安全准确地接球,无球队员以切入、策应等配合创造接球机会。

三、运球技术

运球是熟悉球性、提高控制球能力和支配球的最好方法。运球技术是实现战术配合的重要手段,也是重要的进攻技术。

(一)运球技术分析

1. 动作要领

运球手五指自然分开,用指根以上部位触球,肩肘关节放松,手腕手指随球弹起和向下拍按球,如同球贴在手上似的。

2. 运球技术关键

(1)取决于手对球控制能力,要熟悉球性。(2)取决于队员脚步动作掌握熟练程度(如变速、变向、转身等)。(3)取决于手、脚、腰配合的协调能力。

(二)运球动作方法与运用

1. 高运球

高运球是通常在没有防守的情况下,为了调整进攻的速度和选择进攻位置时所采用的一种运球方法(视频 1-1)。

(1)动作方法:运球时身体重心高,抬头目视前方,上体稍前倾,以肘关节为轴,用手拍按球(拍按球的正上方为原地高运球;拍按球的后侧上方为行进间高运球),并加大力量,球反弹的高度高、距离远、速度快,便于观察场上情况。

(2)动作要领:两腿微屈上体稍前倾,手拍按球的部位正确,手、脚、身体配合协调。

2. 低运球

低运球是当遇到对手紧逼而要超越防守时经常采用的一种运球方法(视频 1-2)。

视频1-1 高运球

视频1-2 低运球

(1)动作方法:运球遇到防守时,两腿迅速深屈,降低重心,上体前倾角度要大,以身体和靠近防守队员一侧的腿来保护球。同时,用手短促地拍按球,使球从地面向上反弹的高度在膝关节以下,以便更好地控制球和摆脱防守继续前进。

(2)动作要领:突然降低重心,上体前倾,手短促有力地拍按球并控制高度,手、脚和身体协调配合。

3. 运球急停急起

运球急停急起是利用运球速度的变化来摆脱防守的一种方法。在对方紧逼防守时,突然加速或减速(或停止前进)以摆脱对手,获得较好的进攻机会。

(1)动作方法:在快速运球中,突然急停时,手最后一次拍按球的前上方,两脚做跨步急停,并降低重心,维持身体平衡,用身体、腿和手臂保护球。运球急起时,后脚用力蹬地,上体迅速前倾用手拍按球的后侧上方,迅速启动向前运球,以摆脱防守,获得有利的进攻机会。

(2)动作要领:急停的脚步要降低重心,手拍按球前上方;急起时蹬地有力,启动快而猛,手拍按球后侧上方。强调手、脚、身体、视觉协调配合。

4. 体前变向换手运球

体前变向换手运球是在快速运球前进中,遇到对手堵截运球前进的路线时,突然向左或向右改变方向,借以摆脱防守的一种运球方法(视频 1-3)。

视频1-3　体前变向换手运球

(1)动作方法:运球队员要从对手右侧突破时,先向对手左侧运球,当对手向左侧移动时,运球队员突然改变方向。变向时,右手拍球按球右上方,使球经自己体前拍向左侧,同时,左脚向左前方跨出,上体向左扭转,侧肩挡住防守者,然后用左手拍按球的正后方,手的动作要快,球反弹的高度要低,右腿迅速跨出从对手的右侧突破。

(2)动作要领:变向时抬头目视对手,手拍按球的侧左方,严格控制球的落点,手、脚、肩、身体协调配合。

5. 体前变向不换手运球

体前变向不换手运球是在运球前进中,遇到对手堵截前进的路线时,不换手向左或向右的横运球,改变球的方向、路线,借以摆脱防守的一种运球方法(也称体前横运球)。

(1)动作方法:运球队员要从对手的左侧突破时,先将球从身体的右侧(拍按球的右侧上方)推拍向身前中间的位置,手随着球移至体前,并做虚晃的假动作,随之再将球拉回左侧,同时左侧向右侧前方迅速跨出,侧肩用身体和腿保护球,仍用右手运球加速摆脱防守。

(2)动作要领:变向时拍按球侧上方,拉拍球动作快速有力,及时上步侧身保护球,快速摆脱对手。

6. 背后运球

背后运球是在运球前进中,当遇到对手堵截一侧时,而且距离较近而无法采

用体前变向运球时，所采用的一种运球方式（视频 1－4）。

(1) 动作方法：运球队员如从对手右侧突破时，先向对手左侧运球，当对手身体重心向左侧移动时，突然快速地用右拉拍球的右外侧，同时右脚向前跨出，将球从背后向自己左侧前方拍按。随着左脚迅速左前跨出，并立即换左手运球，侧肩保护球，快速突破对手。

(2) 动作要领：背后运球时抬头目视对手，手拉拍球的右外侧，手、脚、腿、身体协调配合，换手运球加速前进。

7. 胯下运球

胯下运球，又称为胯下交替运球，是篮球运动中几项基本交替运球中的一种，属于常用的运球招数。简单说来就是在已经处于运球动作中，将重心放低，用手将球从胯下击地而过，用另一只手顺势接住继续运球或者重复上述步骤（视频 1－5）。

视频1-4　背后运球

视频1-5　胯下运球

8. 运球转身

运球转身是运球队员向防守队员某侧突破而路线被堵，而且防守的距离很近时，采用运球转身改变方向、路线借以摆脱对手的一种运球方法。

(1) 动作方法：如以右手运球向右侧前进，遇到对手靠近自己的右侧堵截路线时，如果右脚在前，应迅速上左脚，并以左脚为中枢脚，右脚蹬地后撤，顺势做后转身动作。在转身的同时，右手拍按球的右侧上方，将球拉引到身体的侧后方，并换左手拍按球，从对手的右侧突破。

(2) 动作要领：转身时应抬头观察位置、时机，手紧贴躯干，蹬地、转身，拉引球、拍按球动作协调。

四、持球突破技术

持球突破是控制球队员以脚步动作与运球技术相结合，快速超越对手直接切入篮下得分的重要手段，也是现代篮球进攻技、战术发展的一个重要标志。持球突破由熟练的支配球、假动作吸引、脚步动作、转体探肩、推放球加速五个环节组成。持球突破动作方法如下所述。

(一)交叉步持球突破

以右脚做中枢脚为例,突破时,左脚向左前方跨出半步,做向右突破的假动作,当对手重心向右移动时,左脚前脚掌内侧迅速蹬地,向对手右侧跨出一大步,同时上体右转探肩,贴近对手;球移动至右手,向左脚右斜前方推放球,右脚迅速蹬地跨步,加速超越对手,如图1-4所示。

图1-4 交叉步持球突破示意

(二)同侧步持球突破

以左脚做中枢脚为例,突破时,左脚内侧蹬地,右脚迅速向对手左侧方跨出一大步,同时向右侧转体探肩,重心前移,球移至右手并推放球于右脚斜前方,左脚迅速跨步抢位,加速超越对手,如图1-5所示。

图1-5 同侧步持球突破示意

五、投篮技术

投篮技术是篮球运动中最重要的技术,是比赛得分的唯一手段。比赛中任

何技术、战术的运用，都是为了创造有利的投篮机会；防守队员积极防御，则是为了阻扰对方投篮得分。所以在投篮教学与训练中，应重视掌握正确的、规范的投篮技术动作，并要特别强调投篮的准确性。要以“准”为纲带动一切技术、战术的提高。

（一）投篮动作的基本环节

投篮动作方法虽然很多，从投篮技术理论分析，都是由投篮的准备阶段（包括思想准备和身体准备）、持球动作（包括双手持球与单手持球）、瞄准方法、出手动作、球飞行的弧线、球的旋转六个环节组成的。

1. 准备阶段

在投篮前要做好充分的思想准备和身体准备，这是影响投篮命中率的重要因素。尤其投篮是在攻守激烈对抗的条件下完成的，这就要求学生或队员在学习投篮技术时，首先应树立必中的决心，投篮时，思想高度集中、沉着冷静、控制情绪、排除干扰、坚定信心。其次是做好身体的准备。投篮的方式、方法尽管不同，但都必须以正确的投篮姿势来保持身体平衡。控制身体平衡是保证出球方向准确的基本条件。

2. 持球动作

投篮时除做好身体的准备姿势外，还要做好正确的持球动作，将球置于适当的部位。

（1）单手持球动作：投篮五指自然分开，用手指外沿和指根以上部分托球的下方，手心空出，手腕后仰，球的重心落在食指和中指之间，肘关节自然弯曲下垂，置球于同侧肩的前上方。

（2）双手持球动作：两手手指自然分开，拇指相对成八字形，用指根以上部分握球的两侧后下方，手心空出，手腕放松，两臂自然弯曲，肘关节下垂，肩关节放松，置球于胸前。

3. 瞄准方法

瞄篮就是投篮时眼睛注视（注视篮圈或篮板的某一点）。瞄准是为了精确地目测投篮的方向、距离，从而决定投篮出手的角度、用力的大小和球飞行弧线的高低。瞄准是提高命中率的重要环节。

（1）直接投篮时的瞄准点，是篮圈上离自己最近的一点，就是篮圈前沿的正中点。这个瞄准点在球场的任何地点都适用，而且不受篮板弹性的影响。

（2）碰板投篮时的瞄准点，是篮板上能够使球反弹入篮的一点。碰板投篮适用于与篮成15°~45°的区域,以接近30°地区为最好。碰板投篮的瞄准点,因投篮的角度、距离、用力大小而有所不同,一般情况是,当角度小、距离远时,瞄准点离篮圈的距离高而远;反之,则低而近。

4. 出手动作

出手动作的特点是"快""高""远""变"。"快"就是要求尽可能地缩短投篮的准备时间,提高投篮的速度;"高"是要求人跳得高,出球点更要高;"远"就是要求投篮的距离远而且准;"变"就是投篮方法变化多端,善于结合比赛情况灵活地进行投篮。单手投篮时,由下向上依次用力,通过向前上方伸臂、抬肘、压腕等动作和手指的弹力将球投出。双手投篮时,由下向上以及两臂向前上方伸臂送球,最后手掌外翻,用两手的拇指、食指和中指的指尖力量将球投出。

5. 球飞行的弧线

球出手后在空中飞行的弧形路线(也称抛物线),从理论上分析有低、高、中三种。

(1)低弧线:指球飞行入篮的路线近于水平线,这时篮圈暴露在球下面的面积很小,不易命中。

(2)高弧线:指球飞行入篮的路线近于垂直线,这时篮圈暴露在球下面的面积最大,接近于篮圈的实际面积,球容易入篮,但球飞行的路线太长,不易掌握球的飞行方向,受风力影响大,因而实际命中率低。

(3)中弧线:指球飞行入篮的弧线最高点大致与篮板上沿在一条水平线上,介于低弧线与高弧线之间,篮圈入篮面积适中,命中率最高,是比较理想的弧线。一般投篮时,多采用这种弧线。

6. 球的旋转

球的旋转是决定投篮准确性的因素之一。投篮出手后球飞行中旋转的方向正确,能排除空气阻力的干扰,使球稳定地沿着正确的轨道运行。投篮时,球的旋转是依靠伸臂送球,手腕前屈或翻转,手指拨球动作所产生的力作用于球体,使球产生一种有规律性的旋转。一般外围的中、远距离投篮时,大都是使球围绕球的横轴向后旋转。行进间单手或双手低手投篮时,应使球围绕球横轴向前旋转。在篮下侧面碰板投篮时,应使球向侧或向后旋转,这样有利于缓和篮板的弹力,使球柔和地反弹入篮筐。

(二)单手肩上投篮动作方法(以右手为例)

单手肩上投篮动作方法示于图1-6。右手五指自然分开,指根以上部位触球,手腕后屈持球于肩上,左手扶球左侧,右肘关节对准篮,投球时(两脚左右开

立,同肩宽膝微屈)下肢蹬地,同时右肘抬肘向上伸直,手腕前屈,食指中指拨球投出,身体向上伸展。

图1－6 单手肩上投篮动作方法示意

1. 练习方法

(1)每人一球,原地在篮下1m处投篮(打篮板),体会投篮动作方法。

(2)每人一球,原地在篮下3m处投篮,即从1m—6m—1m,体会不同距离投篮时用力方法和全身协调用力的方法。

2. 急停跳投

在快速运球中,采用一步或两步急停接球,两膝微屈,重心快速移到两脚间,迅速蹬地起跳,同时,双手举球,当身体接近最高点时,右臂向前上方伸展,手腕前屈,食指、中指拨球,通过指端将球投出,如图1－7所示。

图1－7 急停跳投示意

(三)行进间上篮

1. 行进间单手肩上投篮

如图1－8所示,右脚向前跨一大步的同时接球,左脚迅速蹬地起跳,右脚屈膝上抬,跳到最高点时,右臂向前上方伸展,手腕前屈食中指拨球投出(视频1－6)。

图1－8　行进间单手肩上投篮示意

2. 行进间单手低手投篮

如图1－9所示,行进间单手低手投篮跑步方法与行进间单手肩上投篮基本相同,持球手五指自然分开,手心朝上,托球的下部,投篮时,借助身体上升的惯性,手臂向前上方伸展,用屈腕、挑指的动作,持球由食指、中指向前柔和投出。

3. 行进间反手投篮

行进间反手投篮的第一步跑动方法与行进间单手肩上投篮基本相同,第二步跨一小步并制动蹬地向上起跳,身体形成反弓形,控制向前的冲力。起跳后抬头、目视球篮,两手向上举球,当球举过头部时,左手离球,右手托球向球篮方向伸直,右前臂外旋,屈碗,食指、中指、无名指拨球,通过指端将球投出,碰板入篮筐,如图1－10所示。

图1－9　行进间单手低手投篮示意

图1－10　行进间反手投篮示意

六、抢篮板球技术

比赛中双方队员在空间争抢投篮未中的球称为抢篮板球。抢篮板球分为抢进攻篮板球和抢防守篮板球两种。

(1)抢进攻篮板球。当同伴或自己投篮时,处在近篮的进攻队员首先应判断球的反弹方向,然后先向相反方向的侧前方跨步,利用身体虚晃的假动作,诱开身前的防守队员,绕过胯挤到对手的前面或侧方向,抢占有利位置,借助跨步或助跑起跳,跳至最高点补篮或抢篮板球。

(2)抢防守篮板球。当对手投篮后,首先应注意对手的动向,并根据当时与进攻队员所处的位置和距离的远近,运用上步、撤步和转身抢占有利位置,把进攻队员挡在身后,与此同时还要判断球的落点准备起跳。

七、防守技术

防守技术是队员在防守时,为了阻挠和破坏对手的进攻,达到夺球反攻的目的所采用的各种专门动作的总称。

(一)防守移动

1. 防守移动技术分析

防守移动技术的动作结构主要包括以踝、膝、髋、腰为轴的各种运动动作。

2. 防守移动动作方法分类

防守移动动作方法有启动、滑步、后撤步、攻击步、碎步、绕步等组成。

(二)抢球、打球、断球

1. 抢球、打球、断球技术分析

抢球、打球、断球由准确地判断、快速地移动、合理的手部动作三个环节组成。

2. 抢球、打球、断球动作方法分类

(1)抢球:当进攻队员停止运球、接球或抢到篮板球落地刚持球时,防守者趁其保护球不当出其不意地将球抢掉。

(2)打球:①打原地持球队员手中的球;②打运球队员手中的球;③打行进间投篮队员手中的球。

(3)断球:①横断球;②纵断球;③封断球。

(三)防守有球队员

1. 防守有球队员技术分析

防守有球队员技术由防守的位置和距离、防守姿势、移动步法三个环节组成。

2. 防守有球队员的动作方法分类

(1)防投篮。

(2)防突破。

(3)防运球。

(4)防传球。

(四)防守无球队员

1. 防守无球队员技术分析

防守无球队员技术由防守的位置与距离、防守姿势、移动步法三个环节组成。

2. 防守无球队员的动作方法

(1)防纵切。

(2)防横插。

(3)防溜底。

第三节　篮球运动的基本战术

战术配合是篮球比赛取胜的关键,通常在2~3人之间为制胜于对手的协同进行,其方法包括进攻战术(传切、突分、掩护、策应)和防守战术(挤过、穿过、交换、关门、夹击、补防和围守中锋)两部分。

一、进攻战术

篮球进攻战术是进攻队员相互间协调配合和个人合理运用的组织形式和方法。

(一)进攻战术基本配合

1. 传切配合

传切配合是指持球队员传球后摆脱防守,向篮下跑动接回传球投篮的配合,如图1-11(a)所示。④传球给⑤后,先从右侧做切入假动作,同时注意观察

❹的情况，然后突然从左侧切入，身体转向球的方向接⑤的传球投篮，如图 1－11(b)所示。④传球给⑥时，⑤趁❺注意球尚未调整防守位置的机会，突然横切或从底线切向篮下接⑥的传球投篮。

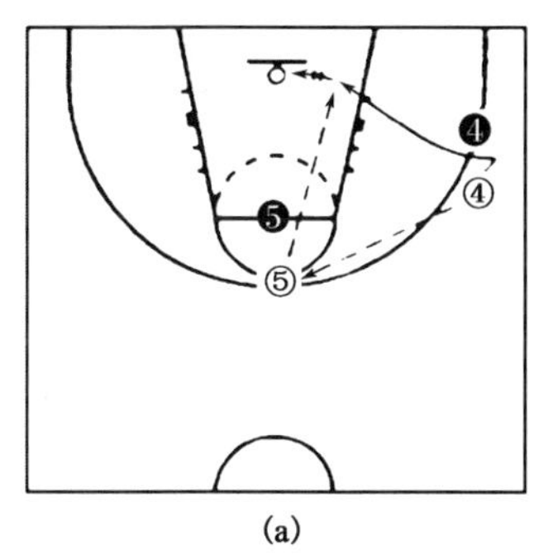
(a)

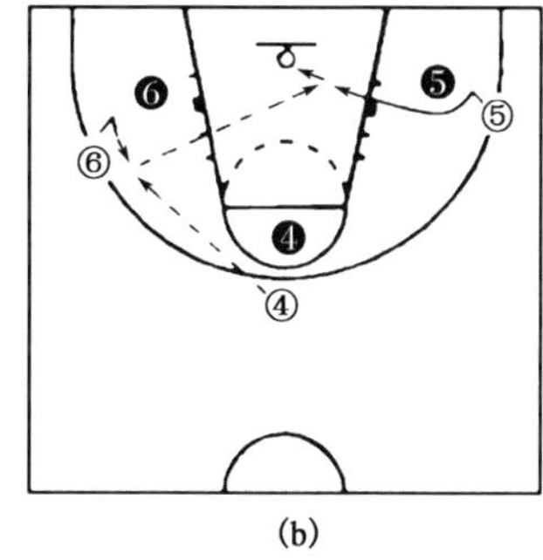
(b)

图 1－11　传切配合示意

2. 突分配合

突分配合是指持球突破队员，遇到防守时，及时将球传给摆脱防守队员的进攻队员的一种配合方法，如图 1－12 中④持球突破❹后，遇到❺补防时，④及时传球给横插篮下的⑤投篮。

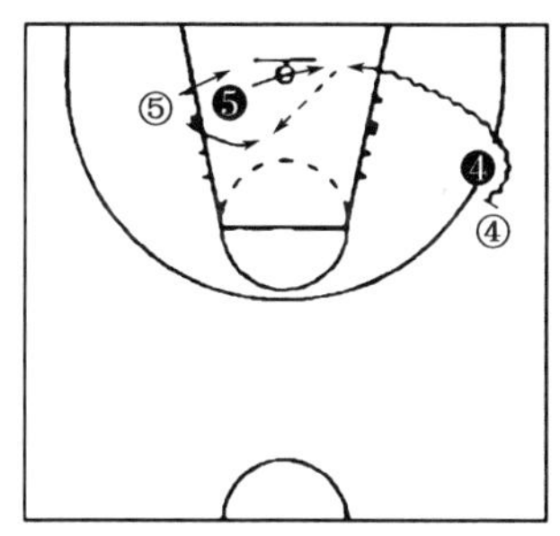

图 1－12　突分配合示意

3. 掩护配合

掩护配合是进攻队员相互之间用合理的身体动作，挡住防守移动路线，使同伴得以摆脱防守造投篮得分机会的配合方法。掩护配合主要有侧掩护和后掩护掩护配合见视频 1－7。

(1)侧掩护。图 1－13(a)中⑤传球给⑥后，移动到❻的侧方给⑥做掩护，⑥接球后做投篮或突破动作吸引❻，当⑤掩护到位时，立即从❻的右侧运球上篮,⑤随之后转身切向篮下。当⑥运球突破时,如遇对方交换防守,⑥则及时回传球给⑤进攻,见图 1－13(b)。

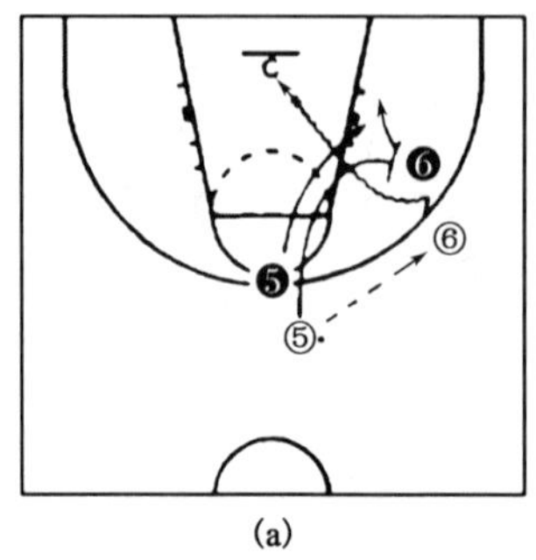

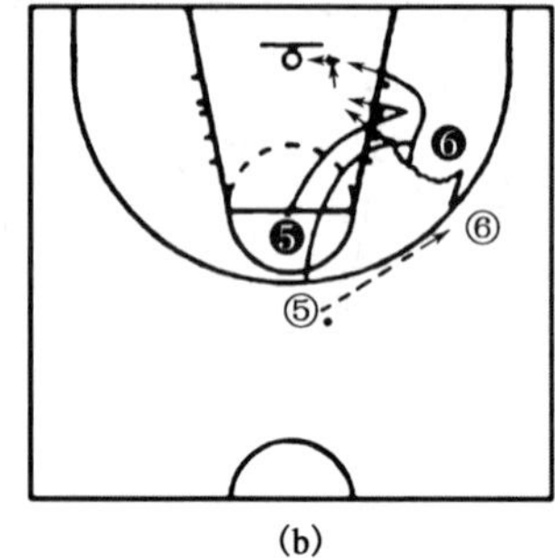

图 1－13　侧掩护示意

(2)后掩护。图 1－14 中⑤传球给④时,⑥跑到❺身体后(侧)方给⑤做掩护,⑤传球后前压贴近对手,当⑥掩护到位时突然向右侧切入篮下接④的传球投篮。

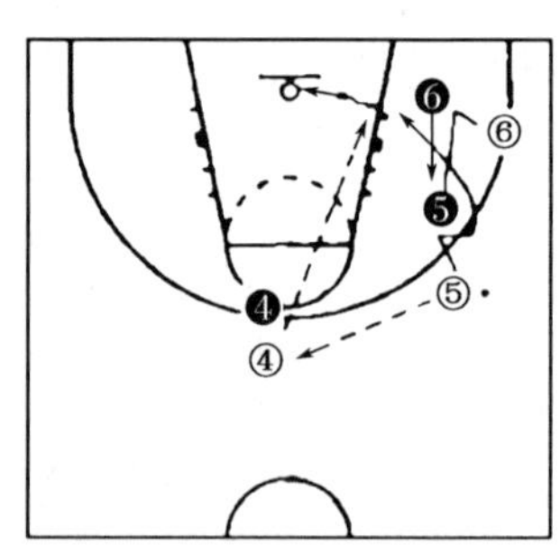

图 1－14　后掩护示意

(二)快攻

快攻是由防守转入进攻时,快速推进,造成一种以多打少的进攻战术。

抢获后场篮板球和抢断球是发动进攻最有利的时机,形式有长传快攻、短传快攻、短传和运球结合快攻。

(1)长传快攻。示例见图 1－15:⑦抢获后场篮板球后,④、⑤弧形侧身跑快下,⑦长传球给⑤或④上篮。

(2)短传快攻。当防守队获球后,立即以快速的短距离传球推进和快速跑动,创造投篮机会。该战术参与人数可多可少,结构清楚,灵活多变,易成功。由于该战术传球距离短、速度快,对配合的技巧性要求很高。

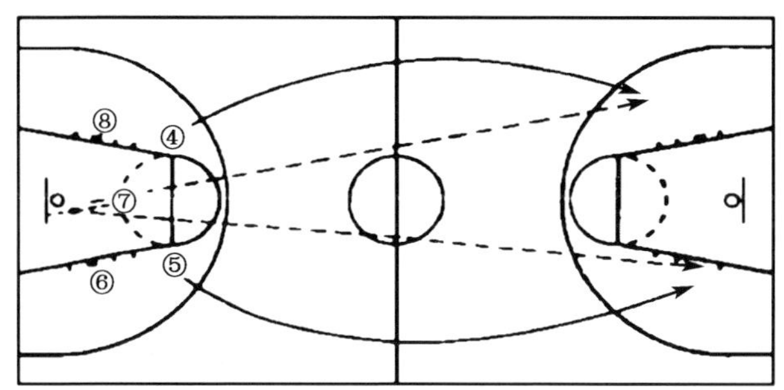

图 1－15 长传快攻示意

(3)短传和运球结合快攻。示例如图 1－16 所示,中间与边线结合推进。实践中运用较多,它综合了上述推进的优点,避免了其缺点引起的失误。④插中接应后,将球传给沿边线跑的⑧,⑧再回传给④,从中路推进,⑦和⑧沿边线跑下,⑥和⑤随后插空跟进。

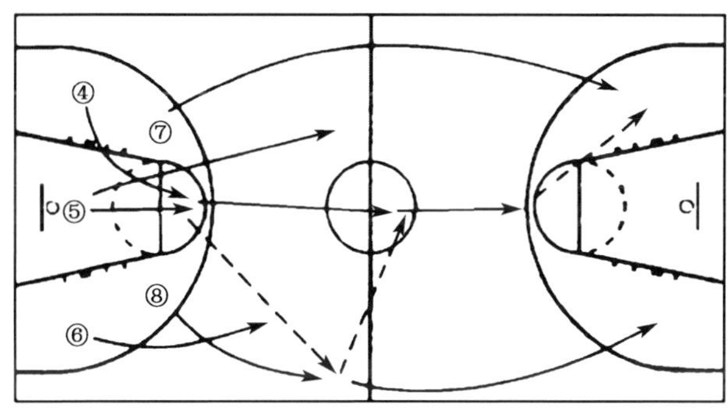

图 1－16 短传和运球结合快攻示意

二、防守战术

(一)防守战术的基础配合

1. 挤过配合

当对方采用掩护时,被掩护者抢前一步贴近自己的对手从两个进攻队员之间侧身挤过去,继续防住自己的对手,如图 1－17 所示。

2. 交换配合

当对方掩护成功时,防掩护者与被掩护者及时交换自己所防的对手的配合方法。图 1－18 中⑥运球给⑤做掩护,当⑤被挡住时,⑥发出交换防守信号,并及时去防守❺,与此同时,⑤要迅速去防❻。

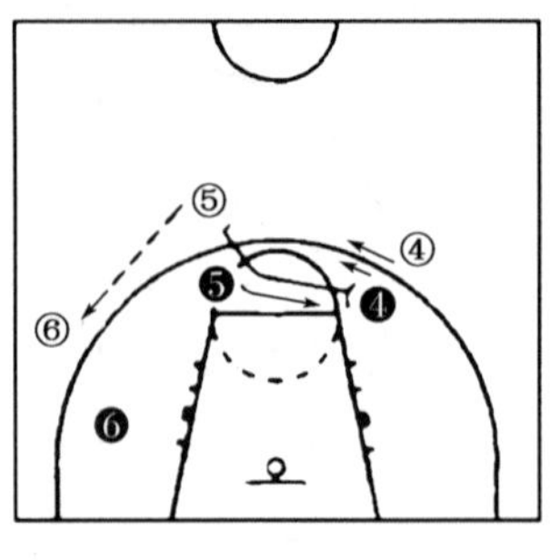

图 1－17　挤过配合示意

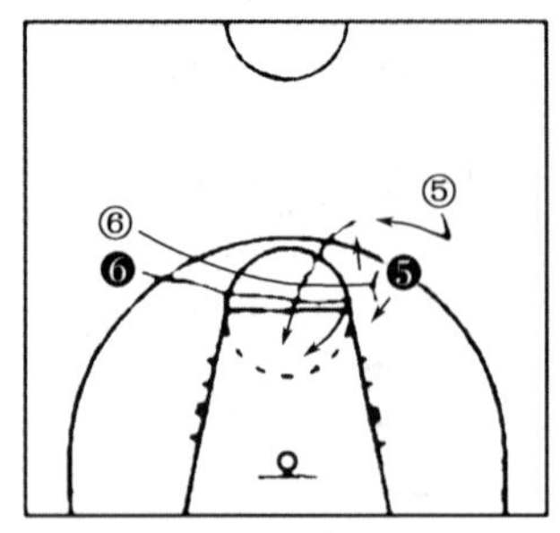

图 1－18　交换配合示意

(二)半场人盯人防守

1. 半场松动人盯人防守

半场松动人盯人防守是以加强内线防守保护篮下为主的防守战术方法。如图 1－19 所示,⑥持球时,强侧的❻紧逼⑥,控制⑥投篮、传球助攻和突破;❺、❹紧防⑤、④,对其采用错位防守,严密防止⑤、④接球。防弱侧的⑦向罚球区移动,❽回缩篮下以便协防;❼、❽还需注意⑦、⑧背插和溜底线。如果⑥传球给弱侧的⑦,此刻弱侧变为强侧,❼迎上紧逼⑦,❽迅速绕前防⑧接球。❻回撤准备协防,❹、⑤回缩保护篮下,❹要防⑦传给⑧的高吊球,同时还要防止⑤、④背插和溜底线。

2. 半场扩大人盯人防守

半场扩大人盯人防守战术主要用来对付外围投篮准,内线进攻相对较弱的队。方法示例:当④进攻到 3 分线附近时(图 1－20),❹紧逼持球的④,❻、❼紧贴⑥、⑦防其接球,并注意④突破以便后撤“关门”。❺控制⑤的移动路线,❽回撤篮下,注意⑧溜底线的同时,还要注意④传给⑤的高吊球。

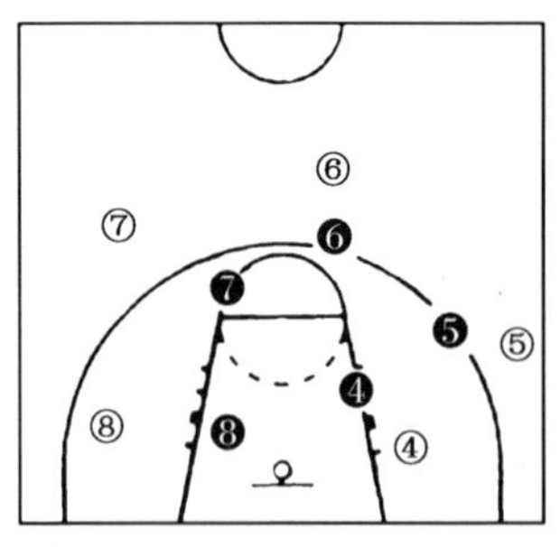

图 1－19　半场松动人盯人防守示意

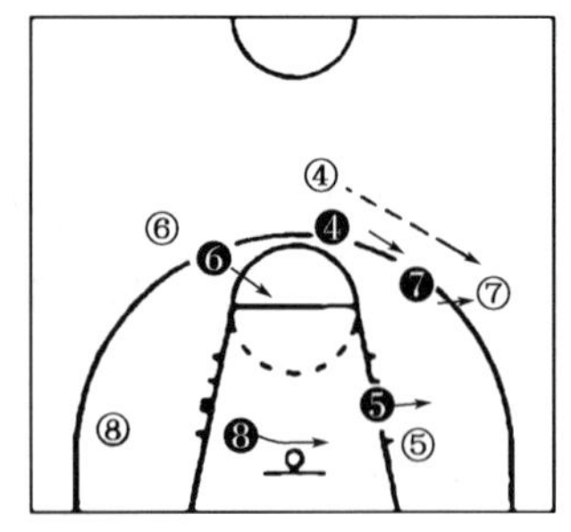

图 1－20　半场扩大人盯人防守示意

（三）区域联防

区域联防是由攻转守时，队员退回后场，每人负责防守一定的区域，与同伴密切配合组成的全队防守战术。

（1）“2—1—2”区域联防的方法。图 1－21 中箭头表示防守队员的移动方向。这种形式的联防位置分布均衡，移动距离近，便于协防配合，易于调整防守队员队形，较适用于正面突破和篮下进攻威力大的对手，但在防端线、两腰和罚球圈顶的投篮较困难。

（2）以中锋为轴的轮转换位变化队形（图 1－22）。防守队员采用“2—1—2”区域联防时，进攻队采用“1—3—1”进攻落位，占据区域联防的薄弱区。当进攻队员⑦持球时，防守队员❼、❻、❹按逆时针方向轮转运动，❼上前防⑦，❹防④，❻防⑥，变“2—1—2”区域联防队形为“1—3—1”对位区域联防，从而避免了防守的薄弱区。

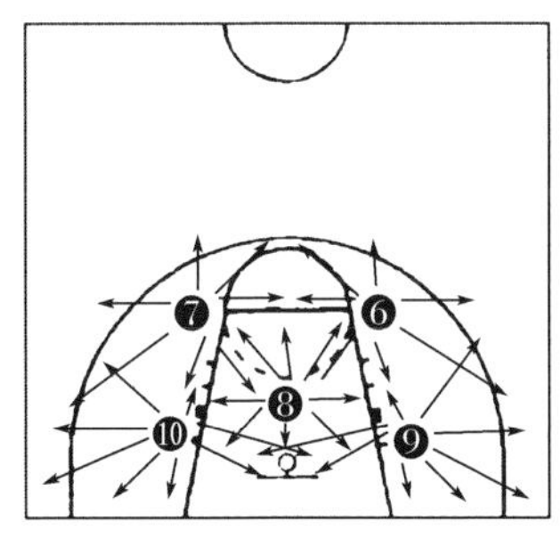

图 1－21　“2—1—2”区域联防的方法示意

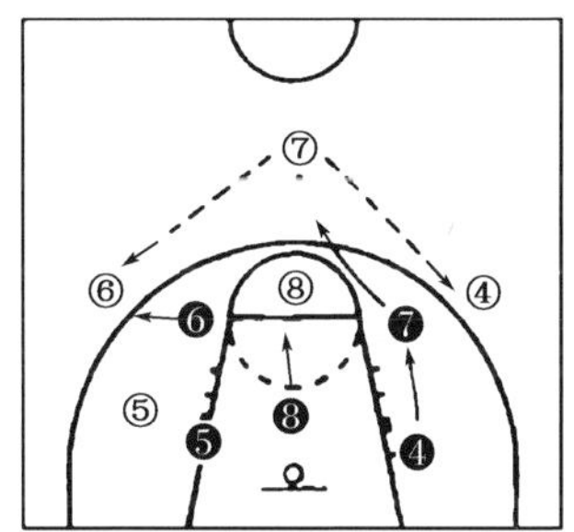

图 1－22　以中锋为轴的轮转换位变化队形示意

第四节　篮球运动的主要规则

一、篮球比赛与场地

篮球比赛由两个队参加，每队上场 5 人，其中一人为队长，替补球员有 7 人。将球投入对方球篮得两分，在 3 分区外投入对方球篮得 3 分，罚球中 1 次得 1 分。

比赛由 4 节组成，每节 10（12）分钟，分上、下两个半时。上、下半时之间的休息时间为 15 分钟，第 1 节和第 2 节之间、第 3 节和第 4 节之间以及每一决胜期之前有 2 分钟的休息时间。如果在第 4 节比赛时间终了时比分相等，为打破平局,需要一个或多个5分钟的决胜期来继续比赛。在上半时的任何时间,每队有2次要登记的暂停,在下半时的任何时间,有3次要登记的暂停,每一决胜期中有一次要登记的暂停,每次暂停时间为1分钟。决胜期比赛时间为5分钟。

篮球比赛由裁判员(主裁判员、第一副裁判员、第二幅裁判员)、记录台人员(记录员、助理记录员、计时员、24秒计时员)和技术代表管理。

国际篮联规定的标准场地长28m,宽15m(线宽0.05m),从场地内沿量起,如图1-23所示。

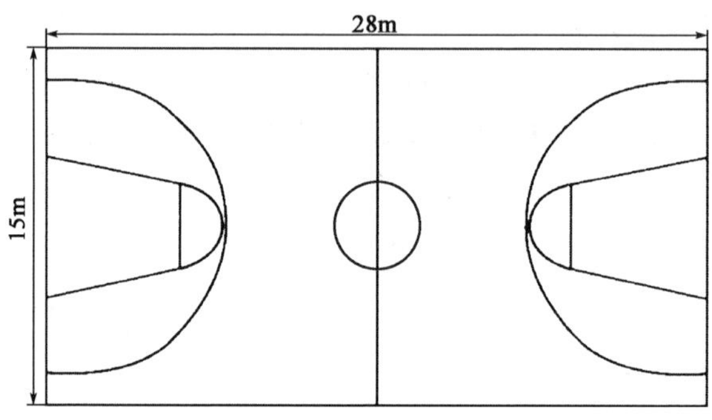

图1-23　篮球比赛场地

二、篮球比赛的违规现象

(一)违例

违例是违反规则,主要有以下几种:

(1)带球走:带球队员移动,必须以一脚为中枢脚方能转身、跨步等。中枢脚不可离地,若要离地,必须在未离地前将球掷出,否则为带球走。

(2)两次运球:两手同时运球;运球时手掌向下时有明显的翻腕动作或球在手中有明显的停留;运球结束后,又继续运球。

(3)3秒违例:某队在前场控制活球并且比赛计时钟正在运行时,该队队员不得在对方限制区域内超过持续的3秒。

(4)5秒违例:在掷界外球、罚球时5秒内未将球掷出;持球队员被严防时5秒内未运球、传球或投篮。

(5)8秒违例:当某队队员在后场控制球时,该队在8秒内未使球从后场进入前场。

(6)24秒违例:当一名队员在场上获得控制活球时,他的队必须在24秒尝试投篮。

(7)球回后场:某控球队队员在前场使球回到后场。

(8)干扰球:一名队员投篮,球在飞行中下落,并完全在篮圈水平面上时,被任一队员触及。

(二)犯规

犯规是违反规则的行为,有身体接触和不道德的举止。

(1)侵人犯规:进攻或防守队员,为获得不正当的利益,而采用推、拉、踩、挡等行为所发生的身体接触为侵人犯规。

(2)违反体育道德的技术犯规:攻防中不是为了使比赛正常进行,而出现的身体接触为违反体育道德的技术犯规。

(3)技术犯规:队员、教练员、随队人员及替补队员如违反规则的有关规定,视为技术犯规。

违反上述规定而被判犯规,均应进行登记并执行相应的罚则。

比赛赏析

视频1-8 篮球比赛视频

复习思考题

1. 篮球运动基本技术包括哪些?
2. 篮球运动中传接球的主要作用是什么?
3. 篮球运动中进攻基础战术配合包括哪些?
4. 篮球运动中防守基础战术包括哪些?
5. 篮球运动中进攻和防守的基本阵型有哪些?各自的特点是什么?

第二章

足球运动

第一节　足球运动概述

一、足球运动的起源

足球运动是一项古老的体育活动，源远流长。据说，希腊人和罗马人在中世纪以前就已经从事一种足球游戏了。他们在一个长方形场地上，将球放在中间的白线上，用脚把球踢滚到对方场地上，当时称这种游戏为“哈巴斯托姆”。

到19世纪初叶，足球运动在当时欧洲及拉美一些国家特别是在资本主义的英国已经相当盛行。直到1848年，足球运动的第一个文字形式的规则《剑桥规则》诞生了。然而众多的资料表明，中国古代足球的出现比欧洲更早，历史更为悠久。

我国古代足球称为“蹴鞠”或“蹋鞠”，“蹴”和“蹋”都是踢的意思，“鞠”是球名。“蹴鞠”一词最早记载在《史记·苏秦列传》里，汉代刘向《别录》和唐人颜师古《汉书注·枚乘传》均有记载。到了唐宋时期，“蹴鞠”活动已十分盛行，成为宫廷之中的高雅活动。2004年7月国际足联主席在北京宣布：足球起源于中国。

当然，由于封建社会的局限，中国古代的蹴鞠活动最终没有发展成为以“公平竞争”为原则的现代足球运动。这个质的飞跃是在资本主义的英国完成的。从17世纪中后期开始，足球运动逐步从欧美传入世界各国，尤其是在一些文化发达的国家更为盛行。越来越多的人走向球场，投身到这一富有刺激性和畅快感的运动中去，以至于一度将足球运动开展得好坏作为衡量一个国家文化发达与否的标志。在这种情况下，英国人率先为足球运动的发展作出了重要贡献。

1863年10月26日，英国人在伦敦皇后大街弗里马森旅馆成立了世界第一个足球协会——英格兰足球协会。会上除了宣布英格兰足协正式成立之外，制

定和通过了世界第一部较为统一的足球竞赛规则，并以文字形式记载下来。

英格兰足球协会的诞生，标志着足球运动的发展进入了一个崭新的阶段。因而，人们公认1863年10月26日，即英格兰足球协会成立之日为现代足球的诞生日。

二、足球运动的发展

1873年英格兰与苏格兰足球队首次举行国际比赛。19世纪80年代开始，足球运动扩展到欧洲大陆许多国家。随着欧洲移民来到中、南美洲，足球运动又很快成为巴西、阿根廷、墨西哥等国家最普及的运动项目。1900年，足球首次在奥运会上露面，1908年，足球被正式批准为奥运会项目。1930年，乌拉圭成功举办了第一届世界足球锦标赛。

1904年5月21日在法国巴黎成立了国际足球联合会（FIFA），总部设在瑞士苏黎世。国际足联的创建，标志着足球作为一项世界性的体育项目登上了国际体坛，使足球运动在更广泛的范围内开展起来，影响也愈来愈远。国际足联从最初的7个会员国，发展到现今的210多个，是世界第一大国际单项体育组织，它下设10个委员会和1个秘书处。国际足联举办的重大比赛有4年一届的世界杯足球赛、奥运会足球赛、世界青年足球锦标赛、世界少年足球锦标赛和女子世界杯足球赛，还有许多洲际比赛。如今，足球运动被称为“世界第一大运动”。

三、足球运动的特点

（一）易于普及

群众性足球活动具有灵活性和趣味性的特点，可采取形式多样、方法各异的方式进行。只要有一个足球、一块场地，人们便可以进行运动。如进行比赛，可用砖头、石块、衣物、书包等代替球门。在室内、室外，在正规的足球场或篮球场甚至平坦的空地上均可用进行比赛。时间经双方协商可长可短。足球比赛的设备简单，场地、人数、时间的伸缩性较大，不论基本技术的高低，战术配合的好坏，均能在比赛中各得其乐。非正式足球比赛的规则可灵活修订，便于开展，易于普及。

（二）比赛难度大、观赏性强

脚与手相比，显然用脚掌握、运用技术的难度大得多。用脚去控制球、处理球和用头顶球，并在激烈对抗中完成各种技术和战术配合，则更是足球的难点所在。足球场地面积约7000m²。一场高水平足球比赛，运动员要奔跑8000～12000m，快速冲刺跑约100次，在激烈运动中完成技术动作数百次，体重下降

3～4kg,以上这些也体现了足球比赛难度大的特点。足球比赛,特别是高水平比赛精彩、激烈、变化莫测、胜负难以控制,因而比赛能扣人心弦、引人入胜,具有极高的观赏性。

(三)文化内涵丰富、经济功能强劲

足球运动发展至今,已不再是一种简单的体育运动,而成了一种满足人们生理、心理需要,表现人们行为举止、思想感情甚至民族风格和民族精神的运动。足球的经济功能随着现代足球运动的产生、发展,逐步显示其广阔的前景,从而引起各国足球界的广泛兴趣。随着当代足球运动的日益普及,足球产业将得到更加长足的发展。

第二节　足球运动的基本技术

一、踢球技术

踢球是足球运动员用脚将球踢向预定目标的技术动作,是足球运动中最重要的技术,主要用于传球和射门。

踢球的方法很多,主要有脚内侧踢球、脚背正面踢球、脚背内侧踢球、脚背外侧踢球等。这些动作结构完全一致,均由助跑、支撑脚站位、踢球腿摆动、脚触球、踢球后的随前动作5个环节组成。

(一)脚内侧踢球

(1)踢定位球。踢球时应直线助跑,跨步支撑时眼睛要看球。脚落地时足尖应与出球方向保持一致,距球10～15cm,膝关节微屈,两臂自然张开,维持好身体平衡。踢球腿以髋关节为轴由后向前摆动,在前摆过程中髋关节外展,脚翘起,脚内侧与出球方向约成90°,以大腿带动小腿快摆击球。击球时脚跟前顶,脚腕用力绷紧,以脚内侧部位击球的后中部。击球后,踢球腿应继续保持击球时的形状随球前摆。

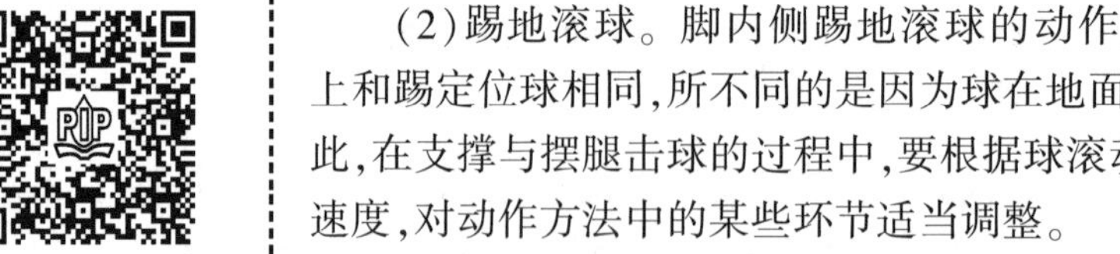

视频2-1　脚内侧踢迎面来球

(2)踢地滚球。脚内侧踢地滚球的动作方法基本上和踢定位球相同,所不同的是因为球在地面滚动。因此,在支撑与摆腿击球的过程中,要根据球滚动的方向、速度,对动作方法中的某些环节适当调整。

(3)踢迎面来球(视频2－1)。踢球前身体要正对来球方向,眼睛看着球以判断球滚动的速度和考虑完成踢球动作的时间。踢球时依球滚动速度，支持脚踏地的位置要稍偏后些。因为支持脚落地时球仍在运行中，故一定要把踢球腿从后摆动到前摆击球的时间计算在内。摆腿击球动作一般多运用敲击的方法，脚击球时间以球正滚到支持脚脚尖的垂直线上为宜。

球向前滚动时，可以调整跑的速度尽快地接近球。踢球前，依球向前滚动的速度，支持脚要稍向前踏些，以便在摆腿击球时能够踏在所需要的正确位置。摆腿击球时多运用摆击的方法将球击出。

(4)踢反弹球。脚内侧踢反弹球时，首先要根据来球的弧度及时准确地判断球的落点，身体要正对来球，支持脚的位置一般远在球侧，如来球弧度小，可偏后些，提腿击球时间及时准确地掌握在球落在反弹刚要离开地面的刹那，用摆击的方法击球的后中部。

(5)踢空中球。脚内侧踢空中球时，身体要正对来球方向，两眼准确观察球在空中飞行的路线，大腿抬起，小腿拖在后面。击球时利用小腿的摆动平敲球的后中部，如要踢出高球，可踢球的中部。

(二)脚背正面踢球

脚背正面踢球是用脚的一、二、三楔骨和跖骨末端部分击球，这个击球部位较为坚硬。脚背正面踢球由于腿的摆动与人的髋膝关节的自然结构相适应，其用力方向与出球方向一致，并且同人的日常走、跑动作相一致，因此便于加大摆幅和加大摆速，所以便于大力踢球，如图 2－1 所示(视频 2－2)。

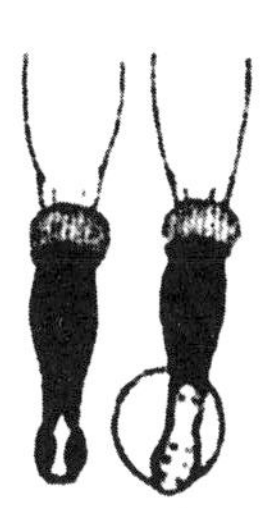

图 2－1　脚背正面踢球示意

视频2-2　脚背正面踢球

(1)踢定位球。直线助跑，随着身体与球接近，两眼要紧紧地盯住球。跨步支撑时步幅要大而积极，支持脚一般踏在球的后沿侧方 10～15cm 处，足尖与出球方向一致，膝关节微屈。踢球腿在跨步支撑的同时大腿后引，小腿尽力后屈。在支持脚着地的同时，弓身送髋。在支撑腿由斜撑过渡到直撑的同时，以髋关节为轴,大腿带动小腿由后向前摆动。当膝盖提至接近球的后上方时,小腿加速前提。击球瞬时,脚背绷直,脚腕压紧,以脚背的正面击球的后中部。击球后,踢球腿应随球继续前摆。

(2)踢地滚球。脚背正面在踢迎面或向前的地滚球时,除应正确完成踢定位球的主要方法外,还应根据球滚动的速度,调整支持脚踏地的位置,原则上支持脚在踢迎面来的地滚球时应稍靠后些,踢向前地滚球时应稍靠前些。因为支持脚踏地时球仍然在滚动,故一定要将踢球腿前摆击球这段时间计算在内。

(3)踢反弹球。腿背正面踢反弹球时,首先要准确判断球的落点,落地时间和反弹角度。踢球时,支持脚踏在球的侧方,当球将要落地时踢球腿小腿急剧前提,在球刚落地反弹离地时,以脚背正面击球的后中部。

(4)踢空中球。

①侧身踢凌空球:踢凌空球时,首先要判断好球运行的路线和确定好击球点。踢球时,身体侧对出球方向,支持脚跨上一步,脚尖指向出球方向,上体向支持脚一侧倾斜,踢球腿的大腿高抬接近地面平行,然后以大腿带动小腿急剧向出球方向摆动,用脚背正面踢球的后中部。在摆腿踢球的过程中身体随之向出球方向扭转,当要踢球的刹那,两眼始终注视着球,身体正对出球方向,踢球后面对出球方向。

②踢倒钩球。踢倒钩球时,支持脚先向前跨一步,膝部弯曲,上体后仰,踢球腿以髋关节为轴尽力向上方摆动。当球落在头的前上方时,用脚背正面向后倒钩踢球。

(三)脚背内侧踢球

脚背内侧踢球是运用脚的第一、二跖骨和第一、二楔骨之间的脚背部位。特点是踢球脚易于插入球的底部,击球点多,易于控制出球的高度、旋转和落点,击球力量也较大。

(1)踢定位球。斜线助跑,助跑方向与出球方向约成45°,支撑脚以脚掌处着地,踏在球的侧后方25~30cm处,膝关节微屈,足尖指向出球方向,身体稍向支持脚一侧斜。在支持脚着地的同时,身体顺势向出球方向转动,踢球腿以髋关节为轴,大腿带动小腿呈弧形由后向前摆动。当膝盖提到接近球的内侧垂直上方的刹那,小腿加速前提,脚尖稍外转,脚面绷直,脚趾扣紧,脚尖指向斜下方,以脚背内侧部位击球的后下部。踢球后,踢球腿随球继续前提,如图2-2所示(视频2-3)。

(2)踢地滚球。脚背内侧踢地滚球时,无论球沿什么方向滚动,正确完成踢球动作的首要条件必须先明确出球方向,然后在助跑接近球的同时调整身体与

图 2-2 脚背内侧踢定位球示意

出球方向的角度,使其保持在45°。踢球的动作方法与踢定位球基本相同,只是支持脚踏地的位置应根据球滚动的方向稍加调整。

(3)踢过顶球。动作方法基本与踢定位球相同。支持脚可踏在球的侧后方,踢球脚不必过于绷紧,踢球的后下部并有斜下切的动作。踢球后,脚不随球前提,使球产生向后的旋转,以控制球速,使球成抛物线缓慢下落。

(4)转身踢球。助跑最后一步略带跨跳动作,支持脚的脚尖和膝关节尽可能转向出球方向,利用腰的扭转协助提腿和做踢球动作。

(5)踢弧线球。助跑和支持脚与踢定位球的动作方法相同,用脚背内侧踢球的后外侧,摆腿用力的方向不通过球的中心。在踢球的一刹那,踝关节用力向里转,脚稍上翘,使球成侧旋并沿一定的弧线运行。

(四)脚背外侧踢球

(1)踢定位球。脚背外侧踢平直球时,助跑、支持脚的位置和踢球腿的摆动基本上与脚背正面踢球相同。在踢球腿的膝盖摆到接近球的垂直上方的刹那,小腿加速前摆,脚尖内转,脚背外侧与地面垂直,脚面绷直,脚趾扣紧,以脚背外侧部位击球的后中部。踢球后腿继续前摆,如图 2-3 所示。

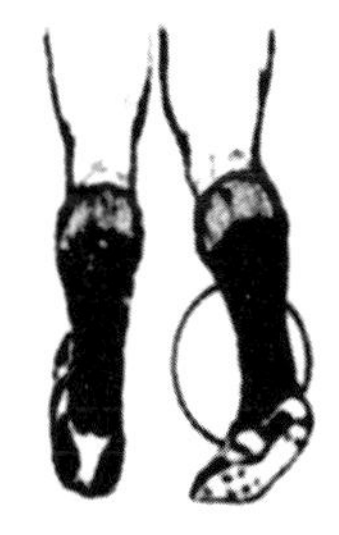

图 2-3 脚背外侧踢定位球示意

(2)踢地滚球。脚背外侧踢地滚球时,根据身体和球所处的位置和出球方向可分别采用直线和斜线助跑。一般靠近踢球脚一侧来球多用直线助跑;正对踢球脚和内侧来球多用斜线助跑。直线助跑支持脚踏地位置距球较远,一般踏在球的侧后方 20~25cm 处;斜线助跑则较近 10~15cm。踢球腿的动作基本上与脚背正面踢球相类似。

二、停球技术

足球比赛中,除守门员在本方罚球区内可以用手控球外,其他队员可以用除手臂以外的身体各个部分完成停球技术。在运用不同部位进行停球时的动作方法是不相同的,要根据比赛的实际情况灵活地选择合理的动作方法。因此,全面熟练地掌握各种停球技术,才能适应现代足球比赛的需要。

(一)脚底停球

(1)脚底停地滚球动作要领。支撑脚站在球的侧后方,膝关节微屈,脚尖正对球,同时停球脚提起,膝关节自然弯曲,脚尖翘起高过脚跟(脚跟离地面稍低于球),踝关节放松,用脚前掌触球的中上部。

(2)脚底停反弹球动作要领。停反弹球时,支撑脚踏在球落点的侧后方。当球着地一刹那,用脚前掌对准球的反弹路线,触球的后上部。如需要把球停到身后时,在脚掌接触球的刹那,脚尖稍大压撑脚为轴快速转身,如图2-4所示。

图2-4 脚底停反弹球示意

(二)脚内侧停球

脚内侧停球比较容易掌握。脚接触球的面积大,易停稳,便于和下一个动作衔接。

(1)脚内侧停地滚球。支撑脚正对来球,膝关节微屈,停球腿屈膝外转并前迎。脚尖稍翘起,当脚与球接触前的一刹那开始后撤,在后撤过程中用脚内侧接触球,把球控制在衔接下一个动作需要的位置上。如果需要将球停到自己的侧后方,在停球撤到支撑脚的侧方时,再继续以髋关节外转和腿后引的动作将球引向侧后方,同时以支撑脚脚掌为轴使身体转向出球方向。

脚内侧停地滚球时还可用挡压法。当球运行到支撑脚的侧方或侧前方时,停球脚以脚内侧挡压球的后上部,同时稍屈膝。挡压球的力量大小要随来球力量大小而有所增减:来球力量大,挡压力量要小些;来球缓慢,挡压力量可稍大些。当需要将球停到支撑脚外侧时,停球脚的脚尖稍向前,脚内侧挡压球侧后上部,同时脚尖里转,支撑脚以前脚掌为轴身体转向出球方向。

(2)脚内侧停反弹球。支撑脚踏在球的落点的侧前方,膝关节弯曲,上体稍前倾并向停球方向微转，同时停球脚提起，踝关节放松，用脚内侧对准球的反弹路线。当球落地反弹刚离地面时，用脚内侧推压球的中上部。如果要把球停向左侧，支撑脚应踏在球落点的左侧方，脚尖指向左侧，同时上体也向左侧前倾。

（3）脚内侧停空中球动作要领。一种方法是根据来球的高度，将停球脚举起前迎，脚内侧对准来球路线，在脚与球接触前的刹那开始后撤。在后撤过程中，用脚内侧接触球，把球控制在衔接下一个动作需要的位置中。

另一种方法是将脚提起稍高于选择的停球点，在脚与球接触前的一刹那即开始下切，在下切过程中用脚内侧切于球的侧上部，将球停在地上，如图2－5所示。

图2－5　脚内侧停空中球示意

（三）胸部停球

胸部面积大，有弹性，位置高，能停空中平直球和高球。

（1）胸部停空中平直球动作要领。一般用来停胸部高度的平直球。准备停球时，面对来球，两脚前后开立，两臂自然张开，重心前移，挺胸迎球。当球运行到与胸部接触前的刹那，重心迅速后移，收胸、收腹挡住球，以缓冲来球力量，把球停在身前。如果要把球停向左（右）侧时，则应在接触球前的刹那向左（右）侧转体，并用同侧胸部触球。接球时注视来球、肩臂放松、五指分开，触球时，无论单双手，手指手腕迅速握球，肘回收，肩后引，缓冲来球力量，两手握球，保持身体平衡，以便做下一个动作。

（2）胸部停高球动作要领。一般高于胸部的下落球，可采用挺胸停球方法。准备停球时，面对来球，收下颚，两臂自然张开，两脚前后开立，重心落在两脚之间，两膝微屈，当球运行到与胸部接触前的刹那，两脚蹬地稍上挺，同时展腹，上体稍后仰和挺胸动作使球弹起改变运行路线然后落于体前，如图2－6所示。

图2－6　胸部停高球动作示意

三、运球与运球过人技术

(一)运球技术

运球是运动员在跑动过程中用脚连续推拨球,使球处于自己控制范围内的动作。常用的运球技术有脚内侧运球、脚背正面运球、脚背外侧运球、脚背内侧运球。

1.脚内侧运球

运球时,支持脚稍向前跨,踏在球的前侧方,膝关节稍弯曲,上体前倾并向里转。随着身体向前移动,运球脚提起,用脚内侧推球的后中部,如图2－7所示。

图2－7　脚内侧运球示意

2.脚背正面运球

脚背正面运球多在越过对手之后,前方纵深距离校长,仍需要快速运球前进情况下使用。

动作要领:跑动时,身体自然放松,上体稍前倾,两臂自然摆动,步幅不宜过大。运球脚提起时,膝关节弯曲,脚跟提起,脚尖下指,在迈步前伸脚着地前,用脚背正面向前推拨球前进。脚背正面运球示于图2－8。

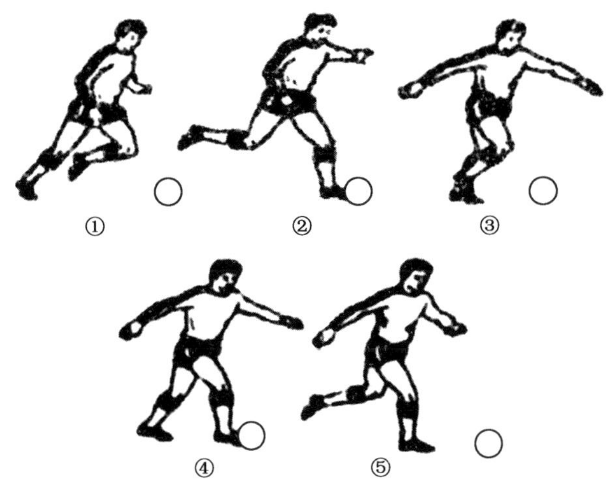

图 2-8 脚背正面运球示意

3. 脚背外侧运球

跑动时身体自然放松,上体稍前倾,两臂自然摆动,步幅要小些。运球脚提起时,膝关节弯曲,脚跟提起,脚尖稍内转,在迈步前伸脚着地前,用脚背外侧向前推拨球,球直线运行。向前侧推拨球,球曲线或弧线运行。

4. 脚背内侧运球

跑动时身体自然放松,上体稍前倾并稍向运球方向转动,两臂自然摆动,步幅要小些。运球脚提起时,膝关节弯曲,脚跟提起,脚尖稍外转,在迈步前伸脚着地前,用脚背内侧向前侧推拨球,球向前侧曲线或弧线运行。

(二)运球过人技术

1. 运球过人技术分析

运球过人分三个阶段:一是运球接近对手阶段,这时触球要轻,步幅要小,上体前倾重心下降,随时注意对方行动;二是超过对手阶段,这个阶段动作要突然,使对手移动重心,在对方移动重心的异侧过;三是摆脱后的运球,摆脱后用最快的速度,有目的地继续运球。高运球是通常在没有防守的情况下,为了调整进攻的速度和选择进攻位置时所采用的一种运球方法。

2. 运球过人动作方法

在比赛中运球过人常用的方法有:拨球、拉球、扣球、挑球、推球或捅球。

拨球——用脚背内侧或外侧触球,拨动球从对方的一侧运球过去。

拉球——用前脚掌将球向后拖拉,向侧拖拉的动作。

扣球——用脚内侧将球快速向里扣,使球停住或转变方向。

挑球——用脚尖或脚背撩球底部,使球向上改变方向,从对方头上或体侧越过。

推球、捅球——用脚内侧推或用脚尖捅球的中后部,使球从对方胯下或体侧越过。低运球是当遇到对手紧逼而要超越防守时经常采用的一种运球方法。

四、抢断技术

抢断技术是一种积极有效的防守手段,是防守技术的综合体现,在比赛中用争夺、堵截、破坏、延缓的手段把球争过来,是由守转入进攻的开始。

(一)正面抢断

在对方带球队员迎面而来时,便可采用这种抢断方式。两脚步与肩同宽站立成准备姿势,抢球时重心下降,两脚前后开立成弓步,后脚用力蹬地,前脚跨出一步,上体前倾,得球后,后腿立即前跟。

(二)侧面抢断

侧面抢断是与对手平行跑动时,所采用的抢球方法。

要领:身体重心稍下降,与对手接触的臂不能抬起,当对方靠近自己一侧脚离地时,用肩做合理冲撞,使对方失去平衡时,乘机用脚把球抢过来。

(三)铲球

铲球是抢断技术中较困难的一种,一般是在用其他方法抢不到球时才采用。当运球者离球一刹那,抢球者后脚用力蹬地,沿地面滑出,用脚背或脚尖将球捅出,然后小腿外侧,大腿外侧到臀部依次着地。

五、掷界外球技术

掷界外球是指所越出边线的球,按比赛规则有目的地用双手将球掷到场内的动作方法。

掷界外球必须面向场内,两脚立于边线球出界处,任何一只脚不得全部离地,上体后仰成弓形,两手持球,拇指相对,持球侧后方,后屈肘于头后,掷时球从头后经头顶,收腹屈体两臂快速前摆,一个动作将球掷到界内。

掷界外球有两种方法:一种是原地掷界外球;一种是助跑掷界外球。原地掷界外球两脚可以前后站立,掷球时,后脚可经沿地面向前滑动,但不得离地(掷时两脚不得进入场内,允许踏在线上)。助跑掷球时,迈出最后一步时与原地掷球动作相同。

掷界外球容易犯的错误及纠正方法：

(1)错误动作：球没引到头后，脚离地。

(2)纠正方法：先无球做掷球练习，再用球多练，体会动作要领。

六、头顶球技术

头顶球的意义在于集体配合时用以准确地传空中球或用以射门，以结束进攻。头顶球对防守往往也起着举足轻重的作用。破严密防守的战术正在不断发展之中，其重要战术之一是强有力的侧翼进攻。但是，如果锋线上没有头顶球准而有力、身强力壮、弹跳又好的勇士在对方门前结束侧翼进攻，那么这一战术又有什么意义呢？相反，守方在破对方的侧翼进攻时，也要求能有头顶球强的后卫和对方的前锋争顶。

(一)头顶球的技术与动作要领

1. 判断与选位

根据比赛实际情况，要准确判断来球方向、力量、高低。

2. 动作与发力方式

头顶球可分原地顶和跳顶(鱼跃顶)。原地顶是足蹬地的反作用力，要有腰腹力量和头颈的配合，跳顶时腰腹肌肉和头颈肌肉快速收缩，鱼跃头顶球主要是蹬地前冲为主。

3. 击球时间与部位

原地顶球的时间是身体先后仰，在往前至垂直时，用前额部位跳起顶球是在最高点用前额顶。鱼跃顶球时，是在身体空中运行时，用前额正面顶。

(二)头顶球技术动作方法

(1)原地头顶球，如图 2-9 所示(视频 2-4)。

图 2-9 原地头顶球示意

视频2-4 原地头顶球

(2)跳起头顶球(单、双脚起跳),如图 2－10 所示。

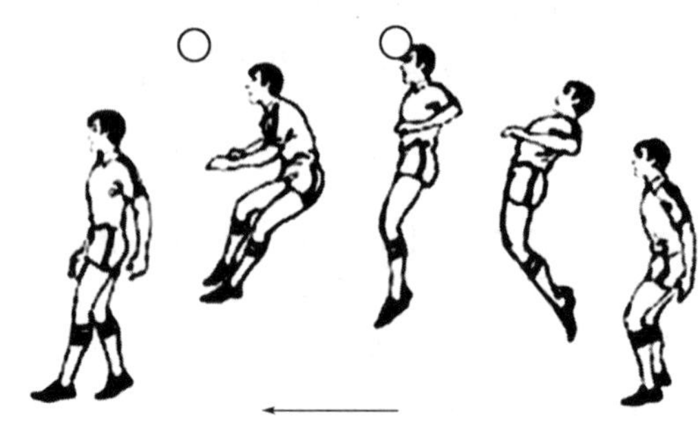

图 2－10　跳起头顶球示意

(3)鱼跃头顶球。

(4)原地向侧顶球。

(5)跳起向侧顶球,如图 2－11 所示。

图 2－11　跳起向侧顶球示意

以上方法均用前额正面顶,又分为以下四种方式:

(1)前额正面顶球。身体正对来球方向,两脚前后站立,上体后仰,重心在后腿上,两臂自然分开,顶球时后脚用力蹬地,迅速收腹和前屈体。当额触球时,颈部要紧张,顶球的中后部,顶完继续前摆。

(2)侧面顶球。两脚前后开立,上体和头,向出球方向的异侧转体,脚前后站立,两眼注视来球,顶时上体迅速向出球方向转体,同时甩头用前额侧部击中后部。

(3)跳起顶球。这种顶球方法经常是单脚起落,在起跳时,身体后弓,在跳到最高点顶球时急速收腹、用力,用前额顶球中后部。

(4)鱼跃头顶球。用脚蹬地后,身体呈水平状态,向前跃出,两臂前伸,用身体的冲力顶球中后部,顶出后,两手先着地,接着胸、腹、大腿依次着地。

(三)头顶球技术运用

1. 头顶传球

后卫用头顶时要有力量、高、远。有时根据场上需要用破坏性顶球。前锋前卫用头顶时,一般顶出的球是平稳有力,头顶时要争点抢位、冲顶时,要启动快速,突然顶出。

2. 头顶射门

无论前锋前卫或者后卫插上头顶射门时除要平顶外,还要在最高点往前下方顶出有力的球。另外,根据场地情况要有"过渡"顶球。顶球队员背对球门,往后顶连顶带传的球。在头顶射门时首先判断好人、球门和守门员三者关系,无论传、顶都要配合默契,球到人到。

七、守门员技术

守门员技术是指在比赛中的进攻与防守过程中,所采用的有效防御动作和在接球后所做的有助于本队的动作方法。主要是阻挠对方将球射进球门。

(一)守门员动作方法

守门员的动作有:准备接球姿势、选位、接球、扑球、掷球和脚踢球。

(二)动作要领与要求

1. 准备接球姿势

两脚左右站立,与肩同宽,两膝自然弯曲内扣,两脚跟稍提起,重心落在前脚掌上;上体稍前倾;两臂自然放松于胸腹之间;两肘稍屈,掌心相对;两眼注视来球。

2. 选位

当对方射门时,守门员要根据射门者的角度来选择所站立的位置,要封住射击门角度。当对方在罚球区外正面射门时,守门员应站在球门中央。当对方在侧面射门时,守门员要注意封前角,兼顾后角。当对方在端线附近时,应稍靠后站立,球在罚球区外附近时,应站在球门中央稍后点。当对方在球门附近时,应站在球门柱前准备随时扑脚下球或传中球。当球在对方半场时,守门员应站在罚球点前一面,准备接长传球和过顶球。守门员经常改变位置,这就要求守门员脚步移动要快,要灵活。脚步移动有侧滑步和交叉步两种。侧滑步是向左(右)侧滑步。交叉步是先右(左)脚向前方跨出一步成交叉步,然后左(右)脚再侧移动成开始姿势。

3. 接球

接球是守门员中最重要的技术,它包括接高球、平球、地滚球和反弹球。接高球有跳起接球和不跳起接球两种。

在接球时,五指自然分开,拇指相对,手心空出,接触球中后部,接球时两手有向后缓冲动作,两肘弯曲,顺势将球抱于胸前。在接平球时,要对正来球,两臂在胸前,手指自然分开,在接球一刹那,两臂内夹、收胸,两手抱住球在胸前。

接球时易犯的错误:接球手形不对,五指没分开,接触球时,没收胸、收腹,两肘关节没靠拢,球从两臂之间漏掉。接地滚球时,身体没对来球,接球时,没降低身体重心。托球时没用上力。纠正方法:多体会动作要领,多练习。

4. 扑球

扑球时,(除向前和向后扑球外)没侧倒,而是卧扑球,没能及时挡住来球路线。扑球倒地动作慢、起立慢。纠正方法:按动作要领慢做、体会动作,再接有力的来球。

5. 掷球

守门员得球后,为了争取时间,必须立即有效、快速地把球掷出。

6. 脚踢球

脚踢球是指守门员用脚直接发给较远的同队队员的技术动作。在发球时可用单手或双手抛半高球,用正脚背踢球中后部。守门员还可以踢反弹球和踢定位球。

第三节　足球运动的基本战术

一、比赛阵型

为了适应比赛中攻守战术的需要,队员在场上位置的排列和职责分工称为比赛阵形。阵形是以各位置队员排列的形状或数量命名。人数排列由后向前,分成后卫线、前卫线和前锋线。守门员的职责是固定的,一般不作计算。通常用的比赛阵形有“4－3－3”“4－2－3－1”“4－4－2”“3－5－2”等,如图2－12所示。

应按如下原则选择比赛阵型:

(1)比赛阵型应当是简明、易懂,在场上容易实现的。

(2)比赛阵型应当使球队进攻和防守保持平衡。

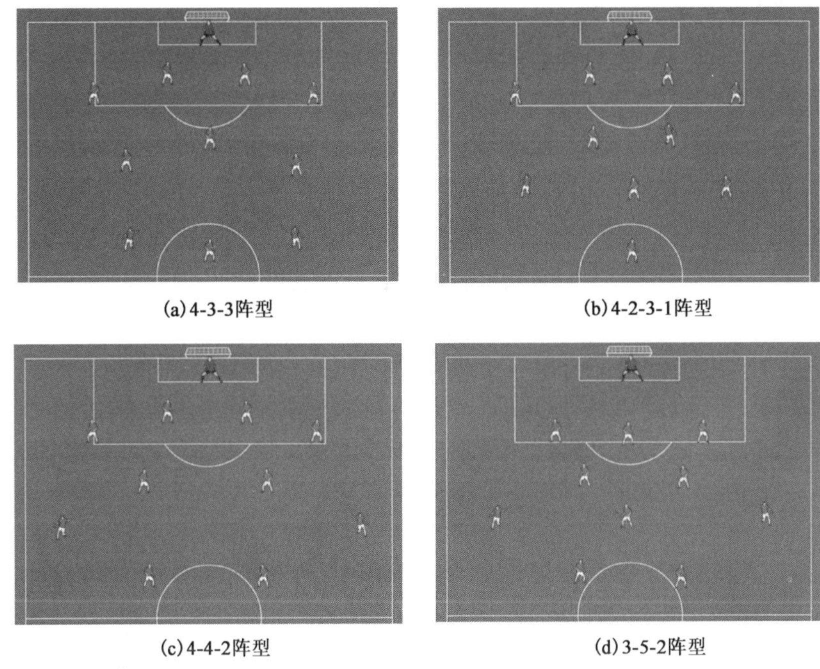

(a) 4-3-3阵型　(b) 4-2-3-1阵型

(c) 4-4-2阵型　(d) 3-5-2阵型

图 2－12 足球比赛常用阵型

(3)比赛阵型应保持正确布置上场队员,合理分配力量。

(4)比赛阵型应当为队员提供更容易地由守转攻的可能性,反之亦然。

二、进攻战术

(一)局部配合进攻战术

局部配合进攻战术包括“二过一”配合、掩护、交叉换位等。这里只介绍最常用的“二过一”配合。比赛中两个进攻队员通过传球与跑位配合,突破一个队员的防守,称为“二过一”配合。这是突破对方、打开缺口最有效的方法。在比赛中,任何位置任何区域都可运用。

(二)整体进攻战术

整体进攻战术包括边线进攻、中间进攻和转移进攻。这里只介绍边线进攻。当由守转攻时,获球者可将球传至边锋,发动边线进攻。经过局部配合突破后,将球传到中央,由其他进攻者包抄射门。比赛中,中间地区防守队员比较集中,边线地区防守队员相对少些,因此从边线进攻比较容易突破对方防线。

三、防守战术

(一)个人防守战术

1. 选位

防守队员选择位置,原则上是站在对手与本方球门中心的所构成的一条直线上,与对手的距离要根据场区以及球所处的位置来决定,如图 2 – 13 所示。

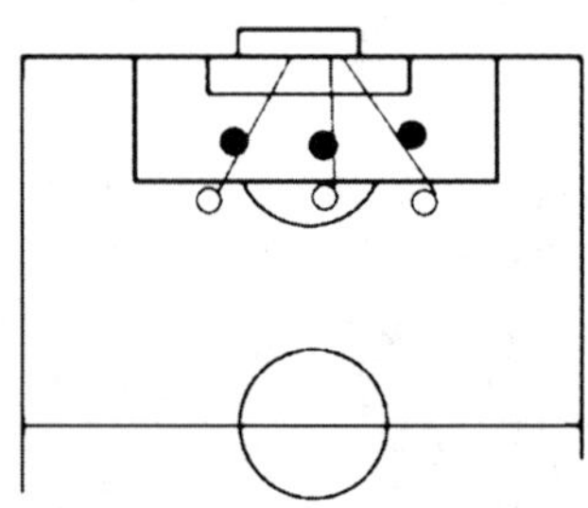

图 2 – 13　个人防守选位示意

2. 盯人

盯人是指防守者本身所处的位置能够限制、看守对手的活动达到及时地封堵对手接球或传球路线。

3. 造越位战术

造越位战术是荷兰人发明的,于第 10 届、第 11 届世界杯上被荷兰队成功地使用,随之被世人熟悉和接受。越位规则规定,进攻队员在将球踢出瞬间,同队队员所处的位置较球更接近于对方断线的队员为越位。防守球员利用这一规定,在对方传球的一刹那,突然向先跑,造成对方接球队员和本方端线之间只有一个防守队员的局面形成越位犯规。如果在同伴传球一刹那,一队员处在越位位置,但未干扰比赛和对方,也未企图在越位位置获得利益,或该队员直接得到本队球门球、角球、界外球,则不应该判罚该队队员越位。

(二)整体防守战术

整体防守战术包括区域防守、紧逼盯人防守、混合防守等。比赛中采用区域防守和紧逼盯人结合的混合防守较多。人盯人防守的优点在于对进攻队员紧逼,使其活动困难。但往往由于进攻队员有意识地交叉换位和策应而造成防守上较大的空隙,而结合区域防守可以弥补这个缺点。当进攻队员交叉换位时,防守队员可以交换看人而位置不变。

第四节　足球运动的主要规则

一、足球比赛场地

(一)足球比赛场地概述

(1)场地。足球场地呈长方形,长 90 ~ 120m,宽 45 ~ 90m。标准场地长 100 ~ 110m,宽 64 ~ 75m。国际比赛场地一般为 104m × 68m 或 105m × 69m。场地各线宽均不超过 12cm,并且各线是该场区的一部分。

(2)角旗。场地四角必须各竖一平顶的旗杆,旗高至少 1.5m,上持一面小旗叫角旗。

(3)球门。两球门柱的内沿相距 7.32m,横梁的下沿距离地面 2.44m。

(二)场地各线、区、点

(1)边线与断线。边线与断线规定了比赛场地的范围,是判断球是否出界的标志线。

(2)球门线。两门柱内的断线叫球门线。

(3)中线。在两边线的中点画一连线与端线平行,把球场平分为两个相等的半场,这条线叫中线。

(4)中圈。以中线的中点为圆心,以 9.15m 为半径所画的圆叫中圈。

(5)球门区。从距球门柱内沿 5.5m 处,画两条垂直于球门线的线,这些线延伸向比赛场地,并画一条与球线平行的线相连接,由这些线和球门线组成的范围叫球门区。

(6)罚球区。经球门两侧各距门柱内沿 16.5m 的端线上,向场内各画一条长 16.5m 的垂直线,在从其线端画一条连线与端线平行,这三条线与端线所构成的范围叫罚球区。

(7)角球区。在球场的四角,以边线与端线外沿的交点为圆心,以 1m 为半径画一条 90°的弧线,这个弧内的范围叫角球区。

(8)罚球点。距球门线中心垂直于场内 11m 处,做一清晰的圆点叫罚球点。

二、足球比赛用球

足球球体圆匀,外壳用皮革或其他许可的材料做成,周长为 68 ~ 70cm,质量为410～450g,充气扣的压强为60.8～111.4kPa(0.6～1.1atm)。比赛用球由裁判员确定,需有备用球,一般比赛多用8个备用球。

比赛进行中发现球体漏气、破裂,应暂停比赛,由裁判员在暂停时在球的所在地点换新球,用坠球方式恢复比赛。

三、足球比赛队员人数

(1)每一场比赛,每队上场的队员不得多于11人,其中必须有一名守门员。在比赛开始或比赛进行中,某队队员人数不足7人时,该场比赛应认为无效。

(2)被替换出场的队员不得再上场比赛。在比赛中,队员被裁判员罚出场后,不得由其他队员替补。

(3)场上队员可以和守门员互换位置,但须事先通知裁判员,只是在比赛暂停时进行。

四、足球比赛裁判员和助理裁判员

(1)裁判员:每场比赛由一名裁判员执行裁判任务。裁判员主要职责是执行规则,判罚犯规;对严重犯规队员按情节给予警告或罚令出场;记录比赛时间和比赛成绩;处理受伤队员;比赛因故暂停后重新恢复比赛;审定比赛用球;检查队员装备等。

(2)助理裁判员:每场比赛应委派两名助理裁判员。助理裁判员的职责是协助裁判员执行规则,用旗示意球是否超出比赛场地;指示由何方掷界外球、踢角球或球门球;当一方要求替补时,通过旗揭示裁判员。

五、足球比赛时间、比赛进行与死球

(1)正式比赛分上下两半场,每半场为45min,中场休息不能超过15min。

(2)替换队员、对队员伤势的估计、将受伤队员移出比赛场地、延误时间等应从正常比赛时间内扣除。

(3)如球触及场内裁判员、助理裁判员、球门柱、横梁及旗杆又弹回场内时,都为比赛正常进行。

(4)当球不论在地面或空中全部超过边线或端线,或裁判员鸣哨停止比赛时,即成死球。

六、足球比赛犯规与不正当行为

队员故意违反下列九项规定中的任何一项，应由对方队员在犯规地点踢直接任意球。如果犯规是守方队员在本方罚球区内时，则应由对方队员罚点球：

(1)踢或企图踢对方队员；

(2)绊摔或企图绊摔对方队员；

(3)跳向对方队员；

(4)猛烈地或带有危险性地冲撞对方队员；

(5)除对方正在阻挡外，从背后冲撞对方队员；

(6)打或企图打对方队员，或向他吐唾沫；

(7)拉扯对方队员；

(8)推对方队员；

(9)手触球。

队员犯有下列五项规定中的任何一项者，应判由对方在犯规地点踢间接任意球：

(1)裁判员认为其动作带有危险性；

(2)球不在控制范围内而进行的所谓合理冲撞；

(3)阻碍对方进程；

(4)冲撞守门员或阻挡守门员从其手中发球；

(5)守门员在本方罚球区内的违例。

队员犯有下列情况之一者，应被警告并出示黄牌：

(1)犯有非体育道德行为；

(2)以语言或行动表示异议；

(3)连续违反规则；

(4)延误比赛重新开始；

(5)当以角球或任意球重新开始比赛，不遵守规定的距离；

(6)未得到裁判员允许进入或重新进入比赛场地。

罚令出场的犯规包括：

(1)严重犯规或暴力行为；

(2)用粗言秽语或吐唾沫；

(3)故意用手拒绝对方的进球或进球得分机会；

(4)在同一场比赛中得到第二次黄牌警告。

比赛赏析

视频2-5　足球比赛视频

复习思考题

1. 简述足球运动的起源。
2. 足球运动基本技术包括哪些？
3. 足球运动的基本战术有哪些？
4. 足球运动的竞赛规则有哪些？

第三章

排球运动

第一节　排球运动概述

排球运动是用手作发球、扣球、拦网；手、脚、头等身体任何部分均可传球、垫球等动作组成进攻与防守的竞赛活动。

一、排球运动的起源

排球运动始于1895年，创始人是美国马萨诸塞州霍利沃克城基督教青年会干事威廉·莫根。因为当时流行的篮球运动较适合于青年人，所以莫根决心选择一种较为和缓的运动，来满足不同人的锻炼需求。他在体育馆内架上网球网，组织人们用篮球胆来回拍打。由于篮球胆太轻，篮球又太重，最后制成了与现代排球相近的皮制球，从而创立了现代排球运动。排球运动一出现，即受到美国社会各阶层的广泛重视与欢迎。1896年7月第一部规则问世，同年就有了较正式的排球比赛。

二、排球运动的发展

排球运动在美国问世之后，由美国的传教士、参加战争的美国军官和士兵传到了世界各地。1947年，由比利时等14个国家排球协会的代表在法国巴黎创建了国际排球联合会，总部设在巴黎，后移至瑞士洛桑。其机构有：代表大会、理事会、执委会、洲联合会、技术常设委员会及专家委员会。自此，排球运动就成为一项世界性的体育项目。

经过百年的历史，今天的排球运动，已发展成为包括准备姿势和移动在内的传、垫、发、扣、拦技术和正攻、反攻、保攻、推攻四大战术体系，规则演变得更加成熟与完整。而且国际排联的会员国已发展到220多个。国际性竞赛也越来越多,其中,世界杯赛、世界锦标赛、世界青年锦标赛、奥运会排球赛被称为“世界四大赛”,并且每年举行一个赛事。

排球运动是20世纪初传入我国的。1913年我国第一次参加在菲律宾举行的第一届远东运动会的16人制排球比赛。1914年第二届的全国运动会开始把排球列为比赛项目。1919年改为12人制,1927年改为9人制。1915年在上海举行的第二届远东运动会上,我国男排第一次获得冠军。1951年我国开始推广6人排球。1956年我国男女队第一次参加在巴黎举行的世界排球锦标赛,女队获第6名,男队获第9名。1963年在雅加达第一届新兴力量运动会上,我国男女排双获冠军。1964年技战术打法有所发展和创新,水平提高较快。1966年之后,由于中断了训练,水平大降。70年代前又开始建立青少年队伍,恢复了系统训练,运动水平有明显回升。在1977年的世界杯比赛中,我女队获第4名,男队获第5名。1978年世界排球锦标赛中,女队获第6名,男队获第7名。1979年男女队又双获亚洲锦标赛冠军。80年代,我国排球运动迅速发展,女排曾在1981年东京第三届世界杯女子排球比赛中7战7捷,荣获世界冠军。1982年在秘鲁的利马举行的第九届世界女子排球锦标赛中,我国女排又获得冠军。1984年在美国洛杉矶的第23届奥运会上,我国女排在更换新队员的情况下,仍以3∶0战胜美国队,获得奥运会金牌。1985年第四届世界杯和1986年布拉格第十届世界锦标赛中,均力克世界强队古巴女排,夺取冠军,从而获得“五连冠”的称号。但在这之后,由于多种原因,我国排球出现了一度低迷,尤其男排状况更甚。1995年铁榔头(郎平)回国执教,女排摆脱了低迷,走出低谷。

三、排球运动的特点

(一)形式的多样性和广泛的群众性

排球运动的场地、设备简单,规则易掌握且可变通。人数可多可少,运动负荷可大可小,不同年龄、性别、训练水平的人都可参与活动,具有形式的多样性和广泛的群众性。

(二)技术的全面性和高度的技巧性

排球规则的限制,每个人都要参与进攻与防守,要具备全面和精湛的技术,决定了排球技术的全面性和高度的技巧性。

(三)激烈的对抗性和严密的集体性

击球次数的限制,使得攻防转换非常快,高水平的比赛往往需经过多个回合

才能争得一分，而每一个完美的战术配合都是经过精心设计、集体努力的结果，体现出激烈的对抗性和严密的集体性。

（四）轻松的娱乐性和高雅的休闲性

排球运动不拘泥于形式，可比赛也可围圈嬉戏。隔网相斗，没有身体对抗，安全儒雅，是人们休闲、锻炼的理想方式。

四、排球运动的价值

参加排球运动不仅能提高人们的力量、速度、灵活、耐力、弹跳、反应等身体素质和运动能力，改善身体各器官的机能状况，而且还能培养机智、果断、沉着、冷静等心理品质。通过排球比赛和训练，可以培养团结战斗的集体主义精神，锻炼胜不骄、败不馁、勇敢顽强的良好作风。排球运动的价值主要体现在以下几个方面：

第一，能培养人的集体主义和共同奋斗的精神，团结协作、相互配合、相互弥补的精神。使参赛者能心情舒畅，同时对参观者又是一种艺术欣赏和享受。

第二，能增强和提高人的心理素质和智力与运动技能相结合的运用能力。因现代排球技战术要求准确、精细、战术变化在瞬息间完成，要求参加者有信心和耐心；比赛要有敢于拼搏、敢于取胜的自信心。比赛中有时激烈紧张，有时放松，要求队员有心理自我调节能力，自我提高和自我控制能力；适应各种变化的能力及思维敏捷、判断准确、动作果断的能力。

第三，能增强人的腰背力、挥臂的速度与力量、下肢的爆发力和弹跳力及连续起跳力。还能增强身体的灵敏性、灵活性、柔韧性、神经反应的快速性及身体的综合耐力等。

第二节 排球运动的基本技术

一、准备姿势与移动技术

（一）准备姿势

为了便于完成各种技术动作而采取的合理的身体姿势称为准备姿势。按照身体重心的高低，准备姿势可分为半蹲、稍蹲和低蹲三种（图 3－1）。

1. 半蹲准备姿势

（1）动作方法。两脚左右开立稍比肩宽，一脚稍前，两脚尖内收，脚跟稍抬

图3－1 准备姿势示意

起。膝关节保持一定的弯曲，膝关节的投影在脚尖前面。上体前倾重心靠前，两臂放松自然弯曲，两手置于腹前。全身肌肉适当放松，两眼注视来球，两腿保持微动。

（2）技术分析。脚跟稍提起，膝关节保持一定弯曲，便于向各个方向及时地起动；上体前倾有利于向前或侧前移动；两手置于腹前，有利于做各种击球动作；队员的位置不同，其准备姿势也有不同，左半场区应左脚在前面，右半场区应右脚稍靠前。

2. 稍蹲准备姿势

稍蹲准备姿势比半蹲准备姿势重心稍高，动作方法相同。

3. 低蹲准备姿势

低蹲准备姿势比半蹲准备姿势重心更低、更靠前，两脚左右、前后距离更大些，膝部弯曲程度更大一些，肩部投影过膝，膝部投影过脚尖。

（二）移动

从启动到制动的过程称作移动。移动由启动、移动步法和制动三个环节组成。

1. 启动

启动是移动的开始，它是在准备姿势的基础上变换身体的重心位置，破坏准备姿势的平衡，使身体向目标方向移动。

根据场上情况，采取不同的准备姿势，在正确的准备姿势基础上，迅速向前抬腿收腹，使身体向前探出，后腿用力蹬地，急速向前启动。

2. 移动步法

启动后根据技战术的需要，应灵活地采用各种步法进行移动。

(1)并步与滑步。如向前移动,则后腿蹬地,前脚向来球方向跨出一步,后脚迅速跟上做好击球准备称作并步。连续并步就是滑步。

(2)跨步与跳跨步。如向前移动,后腿用力蹬地,前脚向来球方向跨出一大步,膝部弯曲,上体前倾,重心移至前腿上。跨步过程中,有腾空跳跃为跳跨步。

(3)交叉步。以向右交叉步为例,上体稍向右转,左脚从右脚前面向右迈出一步,然后右脚向右跨出一大步,同时身体转向来球方向,保持击球前的姿势。

(4)跑步。跑步时两臂要配合摆动,如球在侧方或后方,应边转身边跑动。

(5)综合步。以上各种步法的综合运用。

3. 制动

快速移动后,为保持稳定的击球姿势,应运用制动技术。

(1)一步制动法。最后跨一大步,同时降低重心,膝关节和脚尖适当内转,全脚掌横向蹬地,抵住重心移动趋势,使重心的投影落在两脚构成的支撑面内。

(2)二步制动法。以倒数第二步做第一次制动,接着跨出最后一步做第二次制动,同时身体后仰,重心下降,使身体处于有利于做下一个动作的姿势。

(三)准备姿势与移动的运用

(1)稍蹲准备姿势一般用于助跑扣球前,对方正在组织进攻、不需快速启动时;半蹲准备姿势多用于接发球、拦网和传球;低蹲准备姿势主要用于防守和保护动作。

(2)并步主要用于传球、垫球和拦网;跨步适用来球较低、离身体1～2m垫球时使用;滑步适用于来球较远,使用并步不能接近球时使用;当来球离体侧3m左右时,可采用交叉步;球离身体更远时可采用跑步。

(3)一步制动法多在短距离移动之后,前冲力不大时采用;两步制动法多在快速移动后,前冲力较大时使用。

二、传球技术

传球是利用手指、手腕的弹击动作将球传至一定目标的击球动作。

(一)传球的动作要领

1. 正面传球

面对击球方向的传球动作称为正面传球。正面传球是最基本的传球方法,是其他一切传球技术的基础。

(1)动作方法。采用稍蹲准备姿势,抬头看球,双手放松置于脸前。当球靠近时,蹬地、伸腰、伸臂,两手微张向前上方迎球。击球点在额前上方一球距离处,手触球时,两手自然张开成半球形,手腕稍后仰,两拇指相对成"一"字形或"八"字形,两手间有一定距离,用拇指内侧、食指全部、中指二三指关节触球后下部,无名指和小指在球两侧辅助控制球。两肘适当分开,两前臂之间约成90°,传球时主要靠蹬地、伸臂和手指手腕的力量,以及球的反弹力将球传出,见图3-2。

图3-2 正面传球动作方法示意

(2)技术分析。采用稍蹲准备姿势,适合传球击球点高的特点;击球点在额前上方一球处,便于观察和控制传球的准确性;两拇指相对成"一"字形或"八"字形,使手形与球体吻合,触球面积大,易控制好球,也有利于缓冲来球力量。

2. 侧面传球

身体侧对传球方向,并将球向体侧方向传出称为侧传。

(1)动作方法。准备姿势、迎球动作、手形与正面传球相同,击球点偏向传球目标一侧,上体和手臂应向传球方向伸展,传球方向异侧手臂的动作幅度、用力距离和动作速度要大于同侧手臂,见图3-3。

(2)技术分析。击球点偏向传球方向一侧,有利于侧向传球;上体和手臂向传球方向伸展,有利于侧向发力,并保持良好手形。

3. 背传球

背对传球目标的传球称为背传球。

(1)动作方法。传球前身体背面正对传球目标,上体正直或稍后仰,双手放

图 3－3　侧面传球动作示意

松置于脸前。迎球时抬上臂，挺胸，上体后仰。击球点保持在额上方，比正传稍高稍后。触球时手腕后仰，掌心向上击球下部，手形与正传相同。靠蹬地、展腹、抬臂、伸肘和手指、手腕的弹力，将球向后上方传出，见图 3－4。

图 3－4　背传球动作示意

（2）技术分析。传球前上体保持正直或后仰，有利于蹬地、抬臂等动作向后用力。

4. 跳传球

跳起在空中进行传球称为跳传球。

（1）动作方法。无论是原地起跳，还是助跑起跳，最好向上垂直起跳，保持身体平衡，当身体上升到最高点时，迅速伸臂，加大指腕弹力将球传出。

(2)技术分析。垂直上跳能减少对传球准确性的影响;身体上升到最高点再传球,有充足的时间完成动作。

(二)传球技术的运用

(1)组织进攻。在比赛中传球主要用于组织进攻(即二传)。二传是从防守转入进攻的桥梁和纽带。二传质量的好坏,决定着进攻质量与技战术的发挥。

(2)一传。对方处理过来的高球,用传球做一传能使球准确到位。

(3)二传吊球。是二传队员的一种进攻手段,在对方没有防备的情况下往往奏效。

三、垫球技术

通过手臂或身体其他部位的迎击动作,使来球从垫击面反弹出去的击球动作,称为垫球。

(一)垫球的动作要领

1. 正面双手垫球

正面双手垫球是双手在腹前垫击来球的一种垫球方法,是其他垫球技术的基础,是最基本的垫球方法。

(1)动作方法。正面双手垫球的基本手形有抱拳式、叠掌式和互靠式,见图3-5。不论采用哪种手形都应做到手腕下压,两臂外翻。

抱拳式

叠掌式

互靠式

图3-5　正面双手垫球的基本手形

正面双手垫球按来球力量大小可分为垫轻球、垫中等力量来球和垫重球。

①垫轻球:采用半蹲准备姿势,球飞来时,做好垫球手形,手腕下压,两臂外翻成一个平面,当球至腹前一臂远时,两臂夹紧前伸,插至球下,向前上方蹬地抬臂,迎击来球,利用腕关节以上10cm左右的桡骨内侧平面击球后下部,身体重心随击球动作前移。击球点在腹前保持一臂距离,见图3-6。

图3－6　垫轻球示意

②垫中等力量球：动作方法与垫轻球相同，由于来球有一定力量，因此击球动作要小，速度稍慢，手臂适当放松。

③垫重球：根据来球的高低和角度，采用适当的准备姿势。击球时含胸收腹，帮助手臂随球屈肘后撤，放松缓冲来球力量。同时用微小的动作控制垫球的方向与角度。

（2）技术分析。准备姿势及击球方法应根据来球的力量、弧度及旋转有所变化。若来球弧度高，手臂应抬得平些，弧度低则手臂抬得低些；若来球带有强烈旋转，应调节手臂形成的平面，以抵消旋转引起的摩擦。

2. 体侧垫球

在身体侧面垫球的方法称为体侧垫球。

（1）动作方法。以左侧垫球为例，右脚前脚掌内侧蹬地，左脚向左跨出一步，重心移至左脚，左膝弯曲，两臂夹紧向左侧伸出。左臂要高于右臂，右肩向下倾斜，用转腰和收腹的力量配合两臂在体侧截击球的后下部，切忌随球摆臂。

（2）技术分析。左脚跨出一步，能扩大控制面积；左肩高于右肩使两臂平面与地面有一适当的角度，便于截击来球。

3. 跨步垫球

队员向前或向侧跨出一步的垫球称为跨步垫球。

动作方法：判断好来球落点，及时向前或向侧跨出一大步，屈膝制动，重心落在跨出腿上,上体前倾,臀部下降,两臂插入球下垫击球的后下部,见图3-7。

图3-7 跨步垫球动作示意

4. 背向垫球

背对击球方向的垫球称为背向垫球。

动作方法:判断好来球的落点、方向和离网的距离,迅速移动到球的落点处,背对击球方向,击球时蹬地、抬头、挺胸、展腹、两臂夹紧,直臂向后上方摆动击球,击球点应高于肩,见图3-8。

图3-8 背向垫球动作示意

5. 单手垫球

当来球较远,速度快,来不及用双手垫球时,可采用单手垫球。单手垫球可采用各种步法接近球,可用虎口、半握拳、掌根、手背及前臂内侧击球。

6. 翻滚垫球

当来球距身体远而低,用跨步来不及垫球时可采用翻滚垫球。

动作方法:迅速向来球方向移动,跨出一大步,重心下降,上体前倾,使胸部贴近大腿,重心落在跨出的腿上。双臂或单臂伸向来球,两腿向前用力蹬地,身体向来球方向伸展。用小臂、虎口或手腕击球的下部,击球后在失去平衡的情况下,顺势转体,依次用大腿外侧、臀部外侧、背、跨出腿异侧肩着地,低头收腹团身，做翻滚动作，并顺势站立起来，见图 3－9。

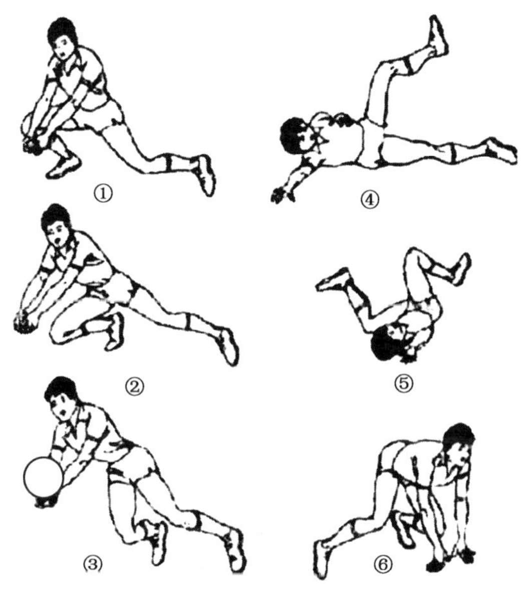

图 3－9 翻滚垫球动作示意

7. 挡球

来球较高，不便于手臂垫球时，用双手或单手在胸部以上挡击来球的击球动作，称为挡球，见图 3－10。

图 3－10 挡球动作示意

（1）双手挡球。双手挡球手形有两种：一种是抱拳式，两肘弯曲，一手半握拳，另一手外包；另一种是并掌式，两肘弯曲，两虎口交叉，两臂外翻朝前，合并成勺型，挡球时手臂屈肘上举，肘部向前，手腕后仰，用双手手掌外侧和掌根所组成的平面挡击球后下部。击球时手腕要紧张,用力适度。

(2)单手挡球。挡球时,手臂屈肘上举,肘部向前,手腕后仰,用掌根或拳心平面击球后下部,手腕要紧张。

(二)垫球技术的运用

(1)接发球:主要用正面双手垫球,应根据对方发球的性能,采用不同的垫球方式。

(2)接扣(吊)球:由于扣吊球力量大、落点刁,垫起的球尽量有一定的高度,便于同伴有时间接应。

四、发球技术

队员在发球区内自己抛球后,用一只手将球直接击入对方场区的一种击球方法称为发球。

(一)正面上手发球

(1)动作方法。面对球网,两脚前后自然开立,左脚稍前。左手托球于身前,用抬臂和手掌平托上送,将球平稳地垂直抛于右肩前上方,高度适中。抛球同时,右臂抬起,屈肘后引,肘与肩平,上体稍向右转。

击球时利用蹬地,转体和收腹带动手臂挥动,在右肩前上方伸直手臂,在最高点以全手掌击球中下部,击球时手指自然张开吻合球,手腕要迅速主动做推压动作,使击出的球呈上旋飞行,见图 3 – 11。

图 3 – 11　正面上手发球动作示意

(2)技术分析。抛球平稳、准确、高度适中,是发好球的基础;挥臂前肘关节后引,可加大挥臂力量;用转体、收腹带动手臂、手腕,能获得最大速度;手腕推压能使球呈上旋飞行,不易出界。

技术要点:抛球,弧线挥臂,包击推压。

(二)正面上手发飘球

正面上手发飘球是采用正面上手的形式,发出的球不旋转、不规则飘晃飞行的一种发球方法。

(1)动作方法。准备姿势同正面上手发球,但抛球比正面上手发球稍低、稍靠前。击球右臂自后向前做直线挥动。击球时五指并拢,手腕稍后仰,用掌根平面击球中下部,作用力通过球重心。击球瞬间手指、手腕紧张,手形固定不加推压,手臂有突停动作,见图3-12。

图3-12　正面上手发飘球动作示意

(2)技术分析。抛球比正面上手发球稍前稍低,便于击球时向前用力;直线挥臂便于作用力通过重心,使球飞行时不旋转;用掌根击球,击球面积小,力量集中,手指、手腕紧张并有突停动作,缩短击球时间,使球产生较大变形,更易产生飘晃。

技术要点:抛球,直线挥臂,短促击球,作用力通过球重心。

(三)正面下手发球

正面对网,手臂由后下方向前摆动,在腹前将球击入对方场区的一种发球方法。

动作方法:面对球网,两脚前后开立,左脚靠前,两膝微屈,上体前倾,重心偏后脚;左手持球于腹前,将球抛起在体前右侧约 20cm 高,同时右臂直臂以肩关节为轴向后摆动,右腿蹬地,身体重心随右手向前摆动,击球后移至前脚上;在腹前以全手掌、掌根或虎口击球后下部,见图 3-13。

图 3-13　正面下手发球动作示意

(四)侧面下手发球

侧对球网,转体带动手臂在肩以下高度击球的一种发球方法。

动作方法:左肩对网,两脚左右开立,约与肩同宽,两膝微屈,上体稍前倾,重心在两脚间;左手平稳将球抛送至胸前,距身体一臂远处,离手高约 30cm;抛球同时,右臂摆至右侧后下方,利用右脚蹬地向左转体的力量,带动右臂向前上方摆动,在腹前用全手掌、掌根或虎口击球后下部,见图 3-14。

(五)跳发球

为了加强攻击性,采用助跑起跳的方式,在空中将球击入对方场区的发球方法。

(1)动作方法:面对球网,在距端线 2~4m 处,用单手或双手将球抛在前上方 3.5~5m 高处,落点在端线附近,抛球后向前助跑起跳。击球时利用收腹和转体动作带动手臂挥动,击球点在右肩前上方,手臂伸直,利用全手掌击球中下部,有推压动作使球呈上旋飞行。击球后缓冲落地,迅速进场。

图 3－14 侧面下手发球示意

(2)技术要点:抛球,助跑起跳,人球关系,腰腹发力,包击推压。

五、扣球技术

跳起在空中,将高于球网上沿的球有力击入对方场区的一种击球方法称为扣球。

(一)扣球的技术要领

扣球技术按照动作方法,一般分为正面扣球、单脚起跳扣球和勾手扣球几种。正面扣球是最基本的扣球技术,其他扣球技术都是在此基础上发展和派生来的,下面以正面扣一般高球为例说明如下。

1. 准备姿势

扣球助跑前采用稍蹲准备姿势,两臂自然下垂。站在距球网 3m 左右处,观察判断,做好向各个方向助跑准备。

2. 助跑和起跳

助跑时(两步助跑)左脚先向前迈出一小步,接着右脚迅速跨出一大步,左脚迅速并上,踏在右脚之前,两脚尖稍向内转,准备起跳。在助跑跨出最后一步的同时,两臂绕体侧向后引,左脚并上踏地制动的过程中,两臂自后积极向前摆动,随着双脚蹬地向上起跳,两臂快速上摆,配合起跳。两腿从弯曲制动的最低点,猛力蹬地向上起跳,见图 3－15。

图3－15　助跑和起跳示意

3. 击球与落地

起跳后,挺胸展腹,上体稍向右转,右臂向后上方抬起,身体成反弓形。挥臂时,以迅速转体、收腹动作发力,依次带动肩、肘、腕各部位成鞭打动作向前上方挥动。击球时,五指微张呈勺形,并保持紧张,以全手掌包满球,掌心为击球中心,击球后中部。同时屈腕向前推压,使扣出的球加速上旋(图3－16)落地时,以前脚掌先着地,同时顺势屈膝、收腹缓冲下落力量。

图3－16　击球示意

（二）扣球的技术分析

1. 助跑的路线

应根据传球的落点来决定，如4号位扣集中球时应采用斜线助跑；扣一般球时采用直线助跑；扣拉开球时采用外绕助跑。

2. 起跳时机与起跳点

起跳时机一般在二传出手后，球高则起跳稍晚些，反之则应稍早些。起跳点应距球一臂距离，为空中击球创造合理位置。

3. 空中击球

起跳后身体成反弓形，击球时由腰腹发力，带动上肢各关节作鞭打动作，加大了挥臂距离与挥臂速度，使全身力量集中在手上，加大了击球力量。

技术要点：助跑起跳时机，人球位置，上肢鞭打，全手掌包击，屈腕。

六、拦网技术

队员靠近球网，将手伸向高于球网处阻挡对方来球的行动称为拦网。以拦网的人数不同，可分为单人拦网和集体拦网。

（一）拦网的动作要领

1. 准备姿势

采用半蹲准备姿势，面对球网两脚左右开立约与肩宽，距网30～40cm，两臂置于胸前自然屈肘。2号位、4号位的队员距边线约1.5m。

2. 移动

可采用并步、交叉步或跑步等，阻挡近距离、中远距离与远距离的来球。

3. 起跳

原地起跳时，重心降低，两膝弯曲，然后用力蹬地使身体垂直起跳。若移动后起跳，制动时两脚尖要转球网，见图3－17。

4. 空中击球

拦网时双手从额前向网上沿前上方伸出，两臂平行，两肩尽力上提，两臂过网伸向对方场区上空，两手接近球并自然张开，手触球时两手要突然紧张，用力屈腕，主动盖帽捂住球，见图3－18。

图 3－17　拦网起跳动作示意

图 3－18　空中击球示意

5. 落地

空中击球后，应抬臂下落以免触网，屈膝含胸前脚掌缓冲落地，两臂自然屈肘置于胸前，做好半蹲准备姿势，便于连续起跳或移动。

（二）拦网的技术分析

（1）拦网的起跳时机要根据对方二传传球的情况和扣球人的特点来决定，一般比扣球队员起跳稍晚。若拦快球时，应比扣球队员稍早或同时起跳。

（2）拦网击球时，两臂应尽力伸直，前臂靠近球，两臂间的距离不能过大，也不能过小，以球不能漏过，也不减小拦网阻截面为准。

第三节　排球运动的基本战术

排球战术是运动员在比赛中，有目的、有预见、有组织的行动。排球战术有多种分类方法。按参与战术的人数不同，划分为个人战术和集体战术两种。集体战术又分为集体进攻战术与集体防守战术两大类。

一、阵容配备与位置交换

（一）阵容配备

阵容配备是合理地安排场上队员技术力量的组织形式。

1.“四二”配备

“四二”配备是指场上队员有 4 个进攻队员和 2 个二传队员。4 个进攻队员又分为 2 个主攻、2 个副攻，他们都站在对角位置上。

其优点是无论怎样轮转，前后排都能保持1个二传和2个进攻队员，便于组织和发挥攻击力量，给对方拦网造成困难。但对2个二传队员的进攻和拦网能力要求较高，否则就会影响“四二”配备的进攻效果，见图3－19。

2.“五一”配备

“五一”配备是指场上队员有5个进攻和1个二传队员。这种阵容的优点是拦网和进攻力量得到加强，全队只需适应一个二传队员的打法，相互之间容易建立默契，有利于二传队员统一贯彻战术意图。

但二传队员在前排时，只有两攻，要充分利用两次球、吊球及后排进攻等战术变化突袭对方，以弥补“五一”配备的不足，见图3－20。

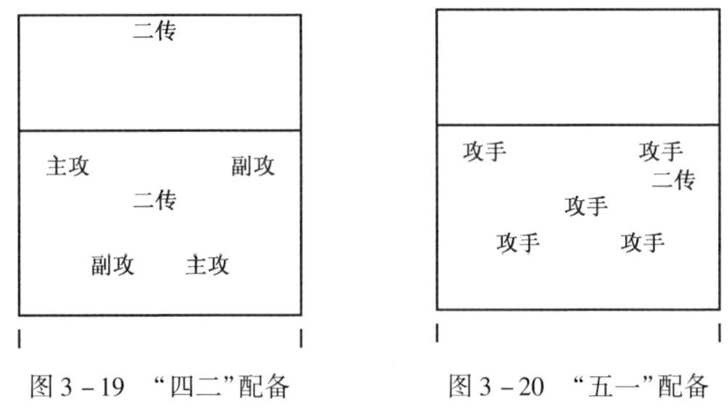

图3－19　“四二”配备　　图3－20　“五一”配备

3.“三三”配备

“三三”配备是指场上有3个进攻队员和3个二传队员。进攻队员与二传队员间隔站位。每一轮次都能保持1～2进攻和二传队员，适合初学的队采用，但进攻和拦网能力不足。

（二）位置交换

为最大限度发挥每个队员的特点，加强攻防力量，以及弥补队员的身体条件、技术发展不平衡所带来的缺陷，在规则允许的条件下，在比赛中采用的交换位置的方法，称为位置交换。

1.前排队员之间的换位

为了加强进攻力量，发挥队员的进攻特点，把强攻能力强的队员换到最便于扣球的位置上。如把右手扣球的队员换到4号位，把左手扣球的队员换到2号位，把善于扣快球的队员换到3号位，把二传队员换到2号位或3号位等。为了加强拦网力量，把身材高、弹跳好、拦网技术好的队员换到拦网任务重的3号位，或与对方主攻队员相对应的区域。

2. 后排队员之间的换位

为了加强后排防守、发挥个人防守特点,把队员换到各自擅长的防守区域,采用专位防守,即把防守能力强的队员换到防守任务重的区域。

3. 位置交换时的注意事项

(1)发球击球前,应按规则的要求正常站位,防止“位置错误”犯规。发球队员击球后,即开始换位,力求迅速换到预定位置,以便准备下一个动作。

(2)接发球时,应首先准备接好发球,然后再进行换位,以免造成接发球失误。

(3)当球成死球时,应立即各返其位。尤其是对方掌握发球权时,更要回位迅速,尽早做好接发球准备。

二、集体进攻战术

集体进攻战术是两个或两个以上队员有组织、有目的的集体协同配合。任何集体进攻战术的变化都建立在进攻阵形和进攻打法的基础上。

(一)进攻阵形

进攻阵形就是进攻时采用的基本队形。根据二传组织时所处的位置,把进攻阵形命名为“中二传”“边二传”“心二传”进攻阵形(过去取得共识的“中一二”“边一二”等命名已不能涵盖当前“五一”配备的立体进攻阵形)。

1.“中二传”进攻阵形

由一名前排或后排队员在前排中位置做二传,其他队员参与进攻的阵形,称作“中二传”进攻阵形。“中二传”是最基本的进攻阵形。其特点是二传队员在中间,一传易到位,战术可简可繁,适合不同水平的球队。

2.“边二传”进攻阵形

由一名前排或后排队员在前排2号位做二传,其他队员参与进攻的阵形,称作“边二传”进攻阵形。

3.“心二传”进攻阵形

二传队员在中场进攻线附近组织进攻的阵形称作“心二传”进攻阵形。“心二传”是近年来创新的一种进攻阵形。其特点是二传队员在中场附近二传,有利于组织后排进攻及前后排相互掩护进攻,战术变化多。但对一传、二传及队员间的配合要求较高,适合水平较高的队使用。

(二)进攻打法

进攻打法是指二传队员与扣球队员之间所组成的各种配合。进攻打法可分为强攻、快攻、两次攻及其转移、立体进攻等。本书主要介绍前三个进攻打法。

1. 强攻

在无掩护的情况下,主要凭借个人力量、高度和技巧突破对方的拦防。

(1)集中进攻。在4号位或2号位组织比较集中的高球进攻。这种打法易掌握,适合初学者和水平较低的队运用。

(2)拉开进攻。二传队员将球传到标志杆附近的进攻。拉开进攻可以扩大进攻面,以避开拦网。

(3)调整进攻。当一传不到位,球落点离网较远时,由二传或其他队员把球调整到网前进行强攻的打法。调整进攻在一传不到位和接扣球反击中运用较多。

(4)后排进攻。后排队员在进攻线后起跳扣球。对队员的弹跳高度和技巧要求较高,但后排进攻能给对方拦网造成较大困难。

2. 快攻

各种快球以及以快攻为掩护,由同伴或本人进行的进攻均称快攻。快球有近体快(A)、短平快(B)、背快(C)、背短平快(D)、背溜(E)、平拉开(F),以及调整快、远网快、后排快、半快球、单脚快等。

组织快攻战术,主要靠二传队员与扣球队员之间的密切配合,除了要具备较高的技术水平和战术素养,其中重要的一点是要相信二传队员,否则就会犹豫不决,耽误战机。

3. 两次攻及其转移

当一传来球较高、落点在网前适当位置,二传或前排队员可以起跳扣球,如遇拦网,也可在空中改扣为传,传给其他队员进攻,被称为两次攻及其转移。两次攻及其转移,可以破坏对方布防节奏,迷惑对方的拦网,给同伴创造有利的进攻机会。

三、集体防守战术

(一)接发球

接发球是由守转攻的基础,没有可靠的一传难以组织有效的进攻,甚至还会造成直接失分。

1. 接发球要求

(1)正确判断。接发球时队员要集中注意力,根据对方的动作、来球的力量、速度及性能,迅速做出正确的判断及时移动到位,运用合理的技术将球垫给二传队员。

(2)合理取位。组成接发球阵形时,应以前排靠近边线的队员为基准取位,同列队员不要重叠,同排队员距离要适当,2 号位、4 号位队员的取位距边线 1m 即可。

(3)分工与配合。每一个接发球的队员都要明确防守范围。接发球能力好的队员及后排队员接球的范围可大些。若球落在“结合部”,可由一传较好的队员主动呼喊“我的”先接。要讲究配合,树立一人接球 5 人保护的观念。

2. 接发球阵形

按接发球人数分,有 5 人接发球、4 人接发球、3 人接发球及 2 人接发球阵形。

(二)接扣球防守

接扣球防守包括拦网、后排防守两个环节。

第四节　排球运动的主要规则

一、排球比赛场地

比赛场区为 18m×9m 的长方形,其四周至少有 3m 宽的无障碍区,场区上空至少有 7m 的无障碍空间。比赛场区所有的画线宽 5cm,边线与端线的宽度包括在比赛场区的面积内。中线的中心线将比赛场区分成两个边长 9m 的正方形,每个场区各画一条距中心线 3m 的进攻线,称为前场区。进攻线的宽度包括在前场区的面积内。端线后两条边线的延长线各画一条长 15cm 、垂直并距端线 20cm 的短线,短线之间的区域为发球区,发球区宽 9m,端线的宽度包括在发球区内,见图 3-21。

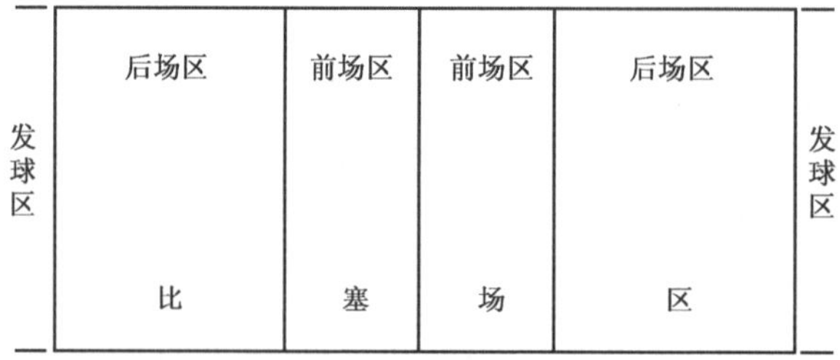

图 3-21　排球比赛场地

二、球网及附属设备

(1)球网。球网架设在中线上空,高度为:男子2.43m;女子2.24m。球网宽1m,长9.50~10m,上、下沿各有7cm和5cm宽的白色带子。

(2)标志带。两条宽5cm、长1m的白色带子,分别系在球网两端,垂直于边线。

(3)标志杆。标志杆是两根长1.8m、直径10mm有韧性的杆子,分别设置在标志带外沿球网的两侧。标志杆高出球网80cm的部分间隔10cm涂有红白相间的颜色,底部1m为白色。

(4)球。圆周65~67cm,重量260~280g,气压0.03~0.325MPa,由软皮革或合成材料制成,外壳颜色为浅色或彩色。

三、排球比赛方法

(一)胜一分、胜一局及胜一场

(1)胜一分。对方在比赛中失误、犯规或受到判罚,本方得一分。

(2)胜一局。每局(决胜局除外)先得25分并同时超出对方2分的队胜一局。当比分为25:24时,比赛继续进行直到某队领先2分(26:24,27:25,…)为止。

(3)胜一场。胜三局的队胜一场,如果2:2平局时,决胜局(第五局)打到15分并领先对方2分获胜。

(二)决定名次办法

(1)单循环比赛中,胜一场得2分,负一场得1分,弃权取消全部比赛成绩。积分高者名次列前。

(2)如两队或两队以上积分相同,采用如下方法决定名次:A(胜局总数)/B(负局总数)=C值,C值高者名次列前。若C值相等则采用X(总得分数)/Y(总失分数)=Z值,Z值高者名次列前。

(三)站位与轮转

1. 队员的位置

靠近球网的三名队员为前排队员,其位置4(左)、3(中)、2(右);后面三名队员为后排队员,其位置5(左)、6(中)、1(右)。

2. 轮转

接发球队获得发球权后,每个队员必须按顺时针方向轮转一个位置(2号位转至1号位发球,1号位转至6号位等)。

(四)替换

(1)每一局每队最多可替换6人次,可同时换一人或多人。

(2)每局开始上场的队员在同一局中可以退出和再上场比赛各一次,而且只能回到原阵容的位置上。

(3)替补队员只能上场一次,只能由被他替换下场的队员来替换。

(五)比赛中的击球

1. 球队的击球

(1)可以接触身体任何部位,但不可接住或抛出。

(2)每队每回合最多击球三次(拦网除外)。

(3)一个队员不得连续击球两次,不论主动还是被动,但下述情况除外:拦网时一名队员或多名队员可以连续触球且不计算在三次之内,但只能在单一的拦网动作中;全队第一次击球时(一传),允许身体不同部位连续触球,但只能在同一击球动作中。

2. 击球时的犯规

(1)“四次击球”:一个队连续四次击球(拦网除外)。

(2)“连击”:一个队员连续击球两次或连续触及身体的不同部位(拦网及一传除外)。

(3)“持球”:没能将球击出,造成接住或抛出。

(4)“借助击球”:借助同伴或任何物体击球。

(六)界内球与界外球

1. 界内球

球触及比赛场区的地面包括界线为界内球。

2. 界外球

(1)球触及的地面部分完全在界线以外。

(2)球触及到场外的物体,如天花板、非场上比赛队员等。

(3)球触及标志杆、网绳、网柱、标志带以外的球网等。

(4)球整体或部分从标志杆外的空间过网。但以下情况可以将球击回:救球队员没有进入对方比赛场区,将球从同侧过网区外击回。

(七)球网附近的队员及在球网附近的犯规

1. 球网附近的队员

(1)拦网时允许越过球网触球,但在对方进攻性击球时与击球前,不得先于对方触及球。

(2)进攻性击球后,允许手过网,但击球时必须在本方场区空间。

(3)在不妨碍对方比赛的情况下,允许队员在网下穿越进入对方场区空间。

(4)队员的一只(两只)脚或一只(两只)手部分触及对方场区,其余部分触及中线或置于中线上空是允许的,其他任何部位都不允许。

(5)由于球击入网造成球网触及队员不算犯规。

2. 队员在球网附近的犯规

(1)对方进行进攻性击球时,在对方场区空间触及球或对方队员。

(2)在网下穿越进入对方空间,并妨碍了对方比赛。

(3)越过中线进入对方场区。

(4)队员在击球、拦网或干扰了比赛的情况下触及球网。

(八)发球

1. 发球的执行

(1)在裁判员鸣哨允许发球后,抛起球或撤离手后,在球落地前,用一只手或手臂任何部位将球击出。

(2)球只能被抛起或撤离一次,但可以拍球或手中移动球。

(3)发球队员击球时,不得踏及场区及发球区外地面,但击球后可以。

(4)发球队员必须在裁判员鸣哨后8秒内将球击出。

(5)裁判员鸣哨前发球无效,重新鸣哨发球。

2. 发球犯规及接发球犯规

(1)发球时,本队队员个人或集体挥臂、跳跃或密集站立遮挡球的飞行路线构成发球掩护犯规。

(2)违反“发球的执行规定”。

(3)发球次序错误。

(4)发球出界、不过网、触及本队队员及球的整体没有从过网区通过球网的垂直面。

(5)对方发球时,接发球队员在前场区内对高于球网上沿的发球做进攻性击球、拦网。

(九)后排队员与后排自由防守队员

1. 后排队员

(1)后排队员可在进攻线后,对任何高度的球完成进攻性击球,但起跳时不得踏及前场区地面。

(2)后排队员不得在前场区内对高于球网上沿的球完成进攻性击球。

(3)后排队员参与拦网,并且球触及了自己或任何一名拦网队员为犯规。

2. 后排自由防守队员

(1)后排自由防守队员换人不计次数,但替换他的队员必须是由他替换出场的队员。

(2)后排自由防守队员不得在任何位置对高于球网上沿的球完成进攻性击球。

(3)不允许后排自由防守队员发球、拦网和拦网试图。

(4)后排自由防守队员可在后场区内自由传球,如果在前场区内传球,同伴不允许对高于球网上沿的球进行进攻性击球。

(5)后排自由防守队员的服装颜色必须明显区别于同队队员。

比赛赏析

视频3-1　排球比赛视频

复习思考题

1. 简述排球运动的起源。
2. 排球运动基本技术包括哪些?
3. 排球运动的基本战术有哪些?
4. 排球运动锻炼的价值是什么?

第四章

羽毛球运动

第一节　羽毛球运动概述

一、羽毛球运动的起源

相传羽毛球最早出现于14—15世纪的日本，球是用樱桃核插上羽毛制成，这便是羽毛球的雏形。大约到了18世纪时，印度的普那出现了一种与早年日本的羽毛球极相似的游戏，球用直径约6cm的圆形硬纸板（中间）插羽毛制成（类似我国的毽子），板是木质的，玩法是两人对立来回拍击。

现代羽毛球运动起源于英国，1873年在英国格拉斯哥郡的伯明顿镇进行了一次羽毛球游戏。于是，羽毛球运动便逐渐风行起来。“伯明顿”（badminton）也即成了羽毛球的英文名称。

二、羽毛球运动的发展

英国羽毛球协会成立最早（1893年），并于1899年举办了首届全英羽毛球锦标赛。1934年成立了国际羽毛球联合协会。1948—1949年举行了首届男子羽毛球团体锦标赛——“汤姆斯杯”赛。

1956年举行了世界女子羽毛球团体锦标赛——“尤伯杯”赛。1978年2月世界羽毛球联合会于香港成立。1981年国际羽毛球联合会和世界羽毛球联合会正式合并。1992年羽毛球运动被列为奥运会正式比赛项目，至此，羽毛球运动进入了一个新的发展时期，受到了各体育强国的重视。

从20世纪80年代中国开始参加各种世界大赛，并多次获“汤姆斯杯”及“尤伯杯”等世界大赛冠军，在世界羽坛显示了强大的实力。

当前,世界上羽毛球技术打法种类很多,各具特点,难分高低。若就技术流派或风格来说,概括起来主要有三种类型:欧洲式——强调重心稳、落点准、以稳为主;亚洲式——在稳准的前提下强调快速进攻;中国式——特点是“快、狠、准、活”。羽毛球技术风格不是固定不变的,随着羽毛球运动的发展,将会不断发展创新。

三、羽毛球运动的价值

羽毛球运动器材设备简便,十分便于开展,而且,简单的基本技术也较易掌握,运动量可大可小,不同性别、年龄和身体状况的人都可以从事这项活动。经常参加羽毛球活动不仅可以发展灵敏性和协调性,提高动作的速度和上肢、下肢活动的能力,改善内脏器官的功能,使身体得到全面发展,还能锻炼和培养机智、沉着、勇敢、顽强等心理素质。

第二节 羽毛球运动的基本技术

一、握拍方法

羽毛球的握拍一般分为正手握拍法、正手搓球握拍法、正手勾对角握拍法、反手握拍法、反手搓球握拍法、反手勾对角握拍法。

(一)正手握拍法

握拍之前,先用左手拿住球拍,使拍面与地面垂直。再张开右手,使手掌下部靠在球拍的握柄底托部位,虎口对着球拍框。小指、无名指、中指自然并拢,食指与中指稍稍分开,自然弯曲并贴在拍柄上,如图4-1所示。

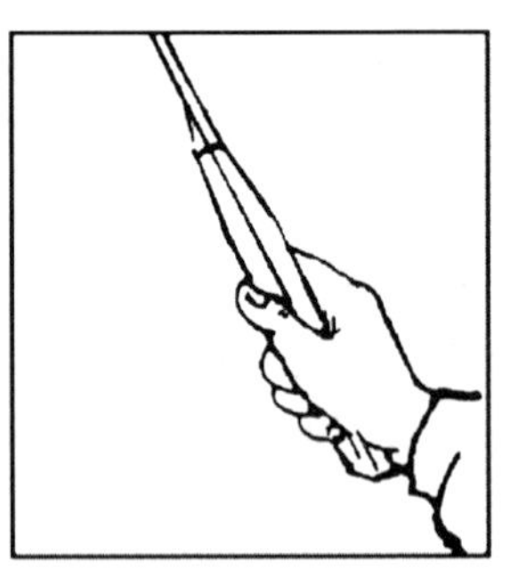

图4-1 正手握拍法示意

(二)正手搓球握拍法

在正手握拍的基础上,拇指、食指、中指和无名指稍松开,使拍柄离开掌心,拇指斜贴拍柄内侧的上小棱边上,食指稍向前伸,使第二指带斜贴在拍柄外侧的宽面上,如图 4－2 所示。

(三)正手勾对角握拍法

正手握拍的基础上,拍柄稍向外转,拇指斜贴在拍柄内侧的宽面上,食指第二指关节和其他三指的指根贴在拍柄外侧的宽面上,拍柄不贴掌心,如图 4－3 所示。

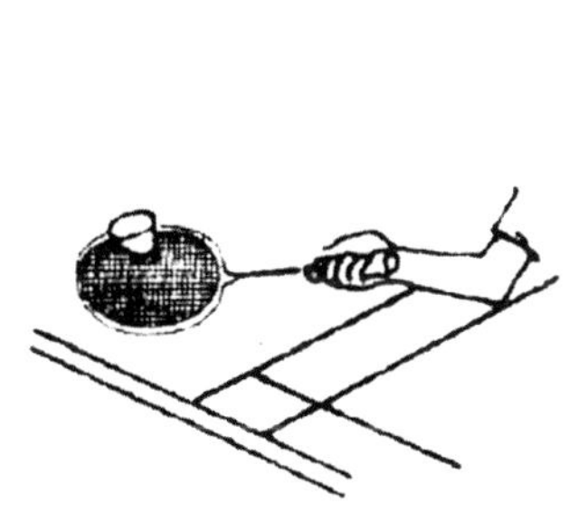

图 4－2　正手搓球握拍法示意

图 4－3　正手勾对角握拍法示意

(四)反手握拍法

反手握拍法是一种由正手握拍法把球拍框往外转(即往左方向转),拇指前内侧部位贴在拍柄的窄面部位,食指往中指、无名指、小指并拢。通常反手握拍的时候,手心与拍柄之间有一定的空隙,这样握拍法有利于手腕力量和手指力量的灵活运用,如图 4－4 所示。

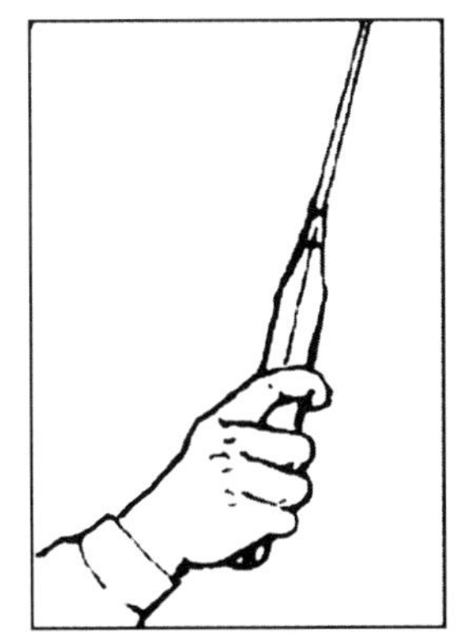

图 4－4　反手握拍法示意

(五)反手搓球握拍法

在正手握拍的基础上,拇指、食指、中指和无名指稍松开,拍柄离开掌心同时使球拍向内转,拇指贴在拍柄内侧的上小棱边上,食指第三关节贴在拍柄外侧的下小棱边上,如图 4－5 所示。

(六)反手勾对角握拍法

在正手握拍的基础上,拇指、食指、中指和无名指稍松开,拍柄离开掌心,同时将拍柄向内转动,拇指第二关节的内侧贴在拍柄的上小棱边上,食指第二指关节贴在拍柄的下中宽面上,其余三指自然抓在下中宽面和拍柄内侧的宽面上,如图4-6所示。

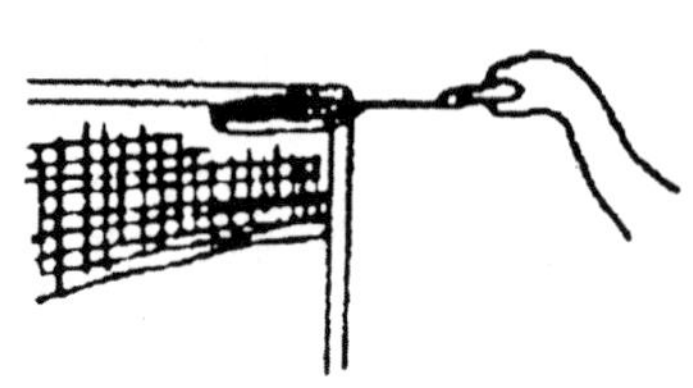

图4-5　反手搓球握拍法示意

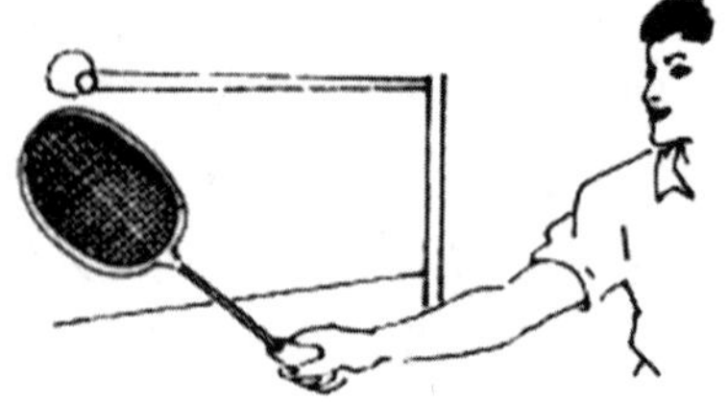

图4-6　反手勾对角握拍法示意

二、基本步法

(1)垫步。当右(左)脚向前(后)迈出一步后,后脚跟进,紧接着以同一脚向同一方向再迈一步,为垫步。势步一般作为调整步距用。

(2)交叉步。左右脚交替向前、向侧或向后移动为交叉步,经另一脚前面超越的为前交叉步,经另一脚后面超越的为后交叉步。交叉步一般在后退打后场球时后退得较多。

(3)小碎步。以小的交叉步移动的称为小碎步。由于步幅小,步频快,一般在启动或回动起始时用。

(4)并步。右脚向前(或向后)移动一步时,左脚即刻向右脚跟并一步,紧接着右脚再向前(向后)移动一步,称为并步。

(5)蹬转步。以一脚为轴,另一脚作向后或向前蹬转步。

(6)蹬跨步。在移动的最后一步,左脚用力向后蹬的同时,右脚向来球的方向跨出一大步,称为蹬跨步。它多用于上网击球,在后场底线两角移动抽球时也常采用。

(7)腾跳步。起跳腾空击球的步法为腾跳步。它可分为两种:一种是上网扑球或向两侧移动突击杀球时,以领先的脚(或双脚)起跳,作扑球或突击杀球;另一种是对方击来高远球时,用右脚(或双脚)起跳到最高点时杀球。

三、发球技术

羽毛球发球是组织进攻的开始,其质量的好坏,直接关系到比赛的主动或被动,以至赢球得分或丧失发球权。发球技术,按其动作分为正手发球和反手发球两种。

（一）正手发球

正手一般发高远球，所谓高远球是把球发的又高又远，使球向对方后场上方飞去，球的飞行路线与地面形成角度，要大于45°，使球在对方场区底线附近垂直下落。站在靠近中线一侧，离前发球线约1m左右的位置上。身体左肩侧对球网，左脚在前，脚尖向内，右脚在后，脚尖稍向右侧，两脚距离与肩同宽，身体重心放在右脚上。准备发球时，右手握拍向右后侧举起，肘部微屈，左手拇指、食指和中指夹住球，举在腹部右前方，然后放开球，挥拍击球。

视频4-1 正手发球

击球时，身体重心由右脚移至左脚上。用正手发不同的弧线球时，击球前的准备和前期动作是相仿一致的，只是在击球时及其后的动作有所不同。在左手放开球使之下落时，右手转拍由上臂带动前臂，自右后方沿身体向前左上方挥动缓冲，如图4-7所示（视频4-1）。

图4-7 正手发球示意

（二）反手发球

发球站位可在前发球线后10～50cm及中线附近，也可在前发球线后及边线附近。面向球网，两脚前后开立（右脚或左脚在前均可），上体稍前倾，身体重心在前脚上。右手臂屈肘，用反手握拍将球拍横举在腰间，拍面在身体左侧腰下。左手拇指与食指捏住球的二、三根羽毛，球托朝下，球体或球托在球拍前对准拍面。击球时，前臂带动手腕朝前横切推送，使球的飞行弧线略高于网顶，下落到对方前发球线附近反手发平快球时则要突然发力，拍面要有“反压”动作，如图4-8所示（视频4-2）。

视频4-2 反手发球

图4－8　反手发球示意

四、接发球技术

羽毛球接发球是克敌制胜的重要环节。接发球时,高远球、平高球,用平高球、吊球或杀球还击。

单打站位一般是在离发球线1.5m处,站在右发球区靠近中线的位置,在左发球区则站在中间的位置。这样站位主要是防备对方直接进攻反手部位。一般左脚在前,右脚在后,双脚微屈,收腹含胸,身体重心放在前脚上,后脚脚跟稍抬起,身体半侧向球网,球拍举在身前,双眼注视对方,如图4－9所示。双打站位由于双打发球区比单打发球区短0.76m,发高远球易被对方扣杀,所以双打发球多以发网前球为主。接发球时要站在靠近前发球线的地方。双打接发球准备姿势和单打姿势基本相同,只是身体前倾较大,身体重心可前可后,球拍举得高些,在球飞行到网上最高点时击球,争取主动。但是注意对方在右场区发平快球突袭反手部位。反手接发球见视频4－3。

视频4-3　反手接发球

图4－9　单打接发球站位示意

一般来说，接发高远球是一次进攻的机会，还击的好，就掌握了主动。一些初学者常因后场技术没掌握好，还击球的质量较差，以致遭到对方的攻击。如图4－10所示，虚线为对方发来的高远球，①为对方发来网前球时，可用平高球、高远球、放网前球、平推还击；如对方发球质量不好，也可用扑球还击。要洞察对方发网前球的意图，如果是要发球抢攻，而自己的防守能力又不强，那么，就放网前球或平推球还击，落点要远离对方的站位，控制住球，不让对方进攻。当对方连续发球抢攻时，接发球一定要冷静、沉着，若疏忽麻痹，回球质量稍差，就可能让对方抢攻得手，见图4－11。对方发来平快球时，可用平推球、平高球还击，以快制快。由于接球方还击的击球点比发球方高，下压的狠些可以夺取主动。其次也可以高远球还击，以逸待劳。不能仓促还击网前球，因为击球质量稍差，就有可能遭受对方的进攻。图4－10中，②为还击吊球；③为还击杀球。

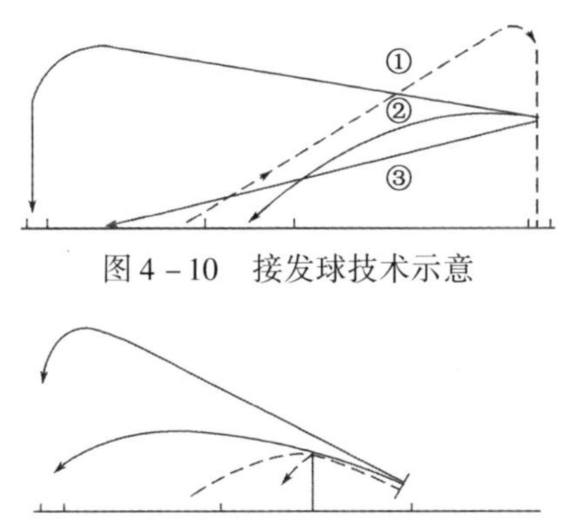

图4－10　接发球技术示意

图4－11　接发球回球质量差时对方抢攻得手示意

五、击球技术

击球是羽毛球运动的一项重要技术，只有熟练地掌握击球技术，才能积极主动地控制球速和落点，充分发挥击球的威力。

（一）后场击球技术

（1）正手击直线高球和对角线高球。起跳后手腕控制球拍对准来球路线，快速挥拍击打球的后部，球即沿着直线飞行；若手腕控制拍面击球托的右下方，球则沿着对角线方向飞行。击球后，手臂随惯性自然回收至胸前，见图4－12（视频4－4）。

（2）反手击高远球。如果对方的来球向左后场区的时候，要迅速把身体转向后方，移动到适合的击球位置，背对球网，反手握拍，沿半弧形击球，把球击向后上方，见图4－13（视频4－5）。

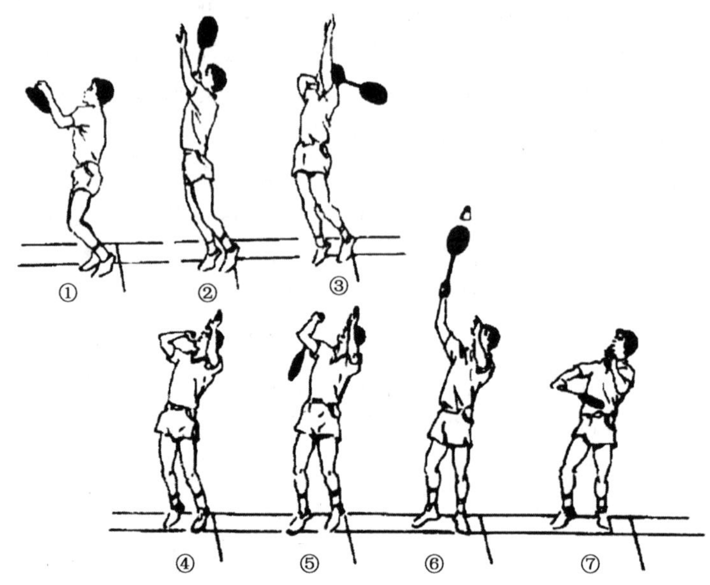

图4－12　正手击直线高球和对角线高球示意

视频4-4　正手击高远球

视频4-5　反手击高远球

图4－13　反手击高远球示意

(3)正手吊直线球和对角线球。吊直线球时，击球用力的方向是朝前下方，但是击球瞬间，小臂突然减速，用手腕的闪动向下轻轻切击球托的右侧后下方，使球越网后即下落；吊对角线球时，击球用力的方向是对角线斜下方，见图4－14。

图4－14　正手吊直线球和对角线球示意

(4)头顶扣杀球。头顶扣杀直线球的准备姿势同头顶击高球类似，不同之处在挥拍击球时，要靠腰腹带动大臂，协调小臂、手腕的综合力量形成鞭击动作，全力往下方击球，拍面与水平面的夹角小丁90°。头顶扣杀对角线的动作方法基本同上，只是击球时要全力向对角线方向击球才行，见图4－15(视频4－6)。

图4－15　头顶扣杀球示意

(二)中场击球技术

(1)正手挡网前球。用接杀球的步法移至中场近边线,身体右倾,手臂右伸,前臂外旋,手腕外展,持拍准备接球。击球时,前臂内旋稍翻肋带动球拍内右下向前上方推送击球,把球推向直线网前,见图4-16。

图4-16　正手挡网前球示意

另一种是击球时前臂中外旋到内收,带动球拍由右向前切送挡直线网前。击球后,身体左转成正面对网,然后右脚上前一步,球拍随身体向左转收至体前。

(2)正手平抽球。站在右场区的中部,两脚平行站立稍宽于肩,重心在两脚间,微屈膝收腹,正手握拍举于右肩前。击球前肘关节前摆,前臂稍往后带外旋,手腕稍外展,引拍至体后。击球时前臂内旋,手腕伸直闪动,手指抓紧拍柄,球拍由右后往右前方高速平扫盖击来球。击球后手臂左摆,左脚往左前方迈一步,右脚跟一步回中心位置,如图4-17所示。

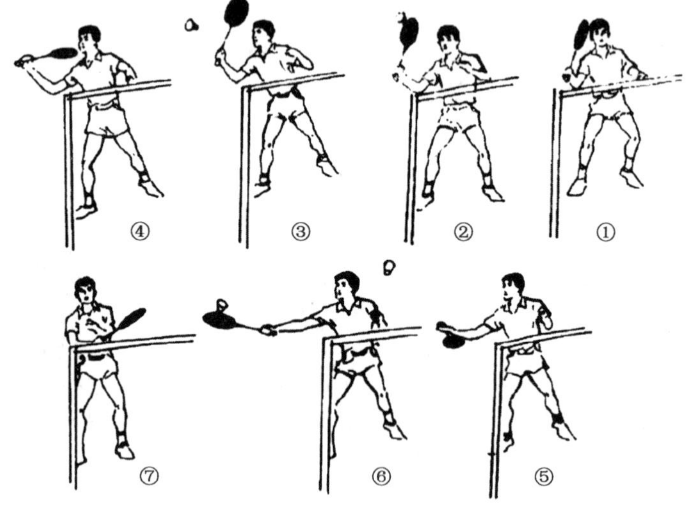

图4-17　正手平抽球示意

(3)反手平抽球(图4－18)。右脚前交叉在左侧前,重心在左脚上,右手反手握拍在左侧前。击球前肘腕稍上抬,前臂内旋,手腕外展,引拍至左侧。击球时,在髋的右转带动下,前臂外旋,手腕由外展到伸直闪动,挥拍击球托的底部。击球后,球拍随身体的回动收回到右侧前。平抽球易出现的错误:身体重心不稳,影响了手臂的击球动作;击球时间掌握不准确;击球时没有完成前臂带动腕部,手指抽鞭式地向前闪动,影响了爆发力。

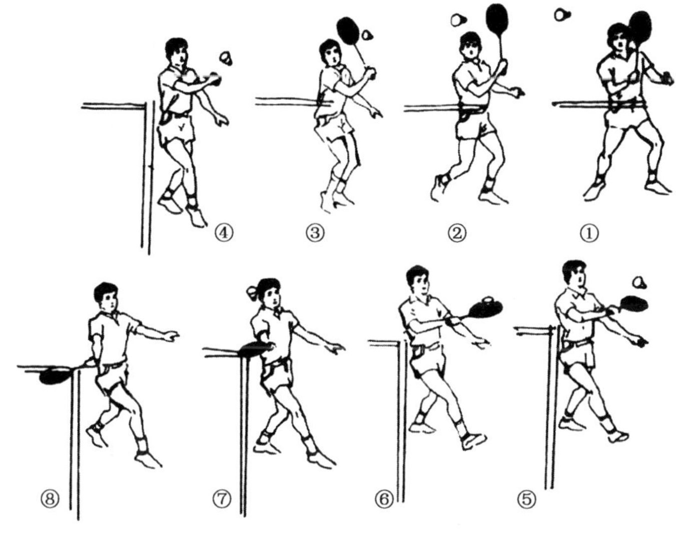

图4－18　反手平抽球示意

(三)前场击球技术

(1)正手放网前球(图4－19,视频4－7)。当对方将球击至自己正手网前时,以正手握拍法,用球拍轻轻切、托,将球向上弹起恰好一过网就朝下坠落,其一般的动作是:侧身向球的方向移动,上身稍前倾,右手握拍于体前。步法移动的最后一步是右脚向来球方向。跨大弓箭步,身体重心要提高,前臂伸向来球,要往前上方举,稍上仰,斜对网。争取高点击球,握拍放松稍收腕,向球托斜侧提击或搓切。击球过程中左手要向后平举以协调动作。挥拍的力量、速度和拍面角度的大小,主要取决于来球离网的远近和速度的快慢。来球离网远,速度快些,则放球时的力量要大些,反之则力量要小些。放网后,身体还原准备姿势。

(2)正手网前搓球。击球前,小臂稍外旋,手腕由后伸至稍内收闪动。击球时在正手放网前球动作基础上,加快挥拍速度,搓切来球的右下部,使球旋转滚过网,见图4－20。

视频4-7　正手放网前球

图4－19　正手放网前球示意

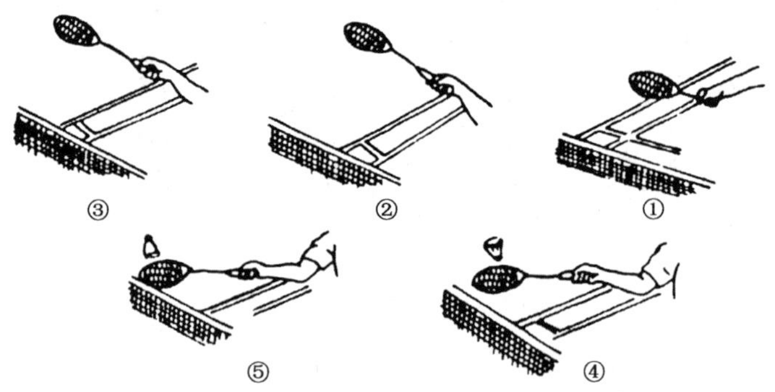

图4－20　正手网前搓球示意

(3)反手网前搓球。击球前,小臂前伸外旋,手腕由内收至外展状;搓击球的右侧后底部,使球侧旋滚动过网。另外,还可以小臂稍伸直,手腕由外展到内收,带动球拍向前切送,击球托的后底部,使球下旋滚动过网,见图4－21。

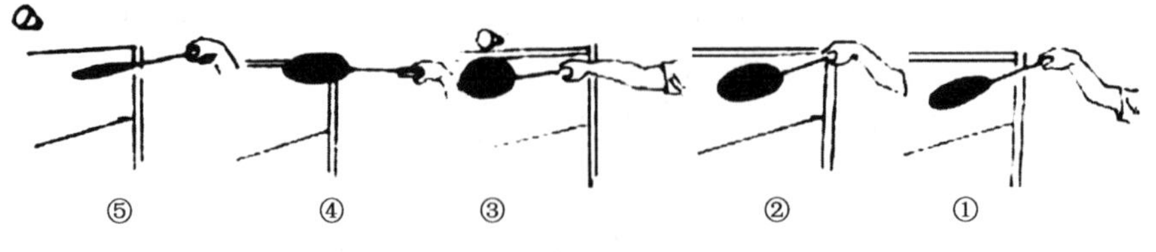

图4－21　反手网前搓球示意

(4)网前正手扑球(图4－22)。身体腾空跃起或右脚蹬跨的同时,前臂往前上方举起,球拍正对来球方向。击球时,随着手臂由屈至伸,手腕由后伸至向前闪动及手指的顶压,将球扑下。其中手腕是控制力量的关键,挥拍距离短,动作小,爆发力强,扑击的球才会具有一定威胁。如果球离网顶较近,就采用“滑动式”扑球方式,用手腕从右向左将球拍压下去,这样可以避免球拍触网犯规。扑球后,注意腿上的缓冲,控制重心,以免身体触网。

图4－22　网前正手扑球示意

(5)正手网前挑球(图4－23)。准备动作同正手放网动作。击球前前臂充分外旋,手腕尽量后伸。击球时,从右下向右前方至左上方挥拍击球。在此基础上,若球拍向右前上方挥动,挑出的是直线高球;若球拍向左前方挥动,挑出的则是对角高球。

图 4-23　正手网前挑球示意

第三节　羽毛球运动的基本战术

羽毛球运动的基本战术与分为单打战术和双打战术。

一、单打战术

(一)发球抢攻战术

发球不受对方干扰,发球者可以根据规则,随心所欲地以任何方式将球发到对方接球区的任意一点。善于利用多变的发球术,能先发制人,取得主动。以发平快球和网前球配合,争取创造第三拍的主动进攻机会,组成了发球抢攻战术。

(二)攻后场战术

采用重复打高远球或平高球的技术,压对方后场两角,迫使对方处于被动状态,一旦其回球质量不高,便伺机杀、吊对方的空当。

(三)逼反手战术

一般说来,后场反手击球的进攻性不强,球路也较简单。对于后场反手较差的对手要毫不放松地加以攻击。先拉开对方位置,使对方反手区露出空当。然后把球打到反手区,迫使对方使用反拍击球。例如,先吊对方正手网前,对方挑高球,我便以平高球攻击对方反手区。在重复攻击对方反手区迫使其远离中心位置时,突然吊对角网前。

(四)打四点球突击战术

吊球准确地打到对方场区的四个角落,迫使对方前后左右奔跑,当对方来不及回中心位置或失去重心时,抓住空当和弱点进行突击。

（五）吊、杀上网战术

先在后场以轻杀配合吊球把球下压，落点要选择在场地两边，使对方被动回球。若对方还击网前球时，便迅速上网搓球或勾对角快速平推球；若对方在网前挑高球，可在其后退途中把球直接杀到他身上。

（六）先守后攻战术

这一战术可用来对付那种盲目进攻而体力又差的对手。比赛开始，先以高球诱使对方进攻，在对方只顾进攻疏于防守时，即可突击进攻。或者在对方体力下降、速度减慢时再发动进攻。这是以逸待劳、后发制人的战术。

二、双打战术

（一）发球

由于双打的后发球线比单打短，在双打中若发高远球，接发球方可以大力扣杀，直接争取主动，同时又较少有后顾之忧。因此站位往往压在靠近前发球线处，对发球者造成很大的心理上和技术上的威胁。所以，发球的质量、路线的配合、弧线的制造、落点的变化对整个双打比赛的胜负意义极其重大。

1. 发球站位

发球的站位不同，对发球的飞行路线、弧线、落点和第三拍的击球都有关系。

（1）发球者紧靠前发球线和中线。这种站位始于反手发网前内角，球过网后球拍向下，不易被对方扑击。由于站位靠前，也便于第三拍封网。但站位靠前不利于发平快球，一般是发往前内角位球配合发双打后发球线的外交位平高球。

（2）发球者站位离前发球线 0.5m，靠中线。这种站位发球的选择面较广，正、反手都可发网前球、平快球、平高球，并且各种路线都可以发。缺点是球的飞行时间长，对方有较多时间判断处理，发球后如果抢网较慢也容易失去网前主动权。

（3）发球者站在离中线较远处。这种站位主要用于在右场区以正手和左场区以反手发平快球攻对方双打后发球线的内角位，配合发网前外角。值得一提的是，这种发球只能作为一种变换手段。因为这种发球只对反应慢、攻击力差的对手有一定威胁，但当对方有了准备时作用就不大了，而且还会使自己陷入被动。

2. 发球路线

（1）调动对方站位，破坏对方打法。如对方甲、乙两名队员站成甲在后、乙在前的进攻队形，在发球给乙时可以后场为主结合网前，而发球给甲时却要以发网前为主结合后场，这样，从发球起就阻挠了对方调整站位。

（2）避实就虚，抓住对方弱点发球抢攻。首先要看接发球者的站位，如果他/她紧压网前站在网前内角位，可用发网前与后场动作的一致性发球到对方后场外角位；如对方离中线较远，则可发平快球突袭后场内角位；对接发球路线呆板、变化少的，可针对这种情况发球后抢封角度突击。

3. 发球时间的变化

接发球方在准备接发球时，思想虽然高度集中，但因受到发球方的牵制，他/她要等球发出后才能判断、启动、还击。所以，发球动作的快、慢也应在规则允许的范围内有所变化，不要给接球方掌握规律。

（二）接发球

接发球虽然受发球方的牵制，属于被动等待，但如果判断准确，启动快、还击及时，就能在对方发球质量稍差时杀、扑得手或取得主动。

1. 接发内角位网前球

以扑或轻压对方两边中场及发球者身体为主要攻击点，配合网前搓、勾等其他线路。

2. 接发外角位网前球

除了以上打的点外，还可以平推对方底线两角以调动对方一名队员至边角，扩大对方另一队员的防守范围。

3. 接发内角、外角位后场球

应以发球者为攻击点，力争扣杀追身球。如启动慢了，可用平高球打到对方底线两角。一般发球者在后场球发出后，后退准备接杀的情况居多，这时可用拦截吊球，落点可选择在发球者的对角。

（三）攻人

这是双打中常用的一种战术，就是以人为攻击目标。对付两名技术水平高低不一的对手时，一般都采用这种战术。对付两名队员实力相当也可采用这一战术。几种攻势于对方一名队员，常能起到“集中优势兵力打歼灭战”的作用；在另一队员过来协助时，又会暴露出空当，可在其仓促接应、立足不稳时偷袭他。

（四）攻中路

1. 守方左右站位时把球打在俩人的中间

这种战术可以造成守方两人抢接一球或同时让球，彼此难于协调；限制对手

在接杀球时挑大角度高球调动攻方;有利于攻方的封网,由于打对方中路,对方回球的角度也小,网前队员封网的难度就小了。

2. 守方前后站位时把球下压或轻推在边线半场处

这种战术多半是在接发网前球和守中反攻抢网时运用。这种球守方前场队员拦截不到,后场队员又只能以下手击球放网或挑高球,后场两角便会露出很大空当,因而有隙可乘,攻击他的空当或身体位。

(五)攻后场

这种战术常用来对付后场扣杀能力较差的对手,把对方弱者调动到后场后也可以使用。此战术多采用平高球、平推球、挑底线把对方一人紧逼在底线,使其在底线两角移动击球,在其还击出半场高球或网前高球时即可大力扣杀,取得主动。如在逼底线两角时对方同伴要后退支援,则可攻击网前空当或打后退者的追身球。

(六)后攻前封

后场队员积极大力扣杀创造机会,在对方接杀放网、挑高球或企图反击抽球时,前场队员以扑、搓、勾、推控制网前,或拦截吊、点封住前半场,使整个进攻连贯而又有节奏变化,使对方防不胜防。

(七)防守

1. 调整站位

为了摆脱被动,伺机转入反攻,首先要调整好防守时的站位。如果是网前挑高球,那么击球者应该直线后退,切忌对角后退。直线后退路线短、站位快、对角后退路线长,也容易被对方打追身球。另一名队员应根据同伴移动后的情况补到空当位。双打防守时的站位调整,都是一名队员在跑动击球时,另一名队员根据同伴的移动情况填补空当。

2. 防守球路

(1)攻方杀球者和封网队员在半边场前后一条直线上,接杀球应打到另半边前场或后场。

(2)攻方杀球者和封网者在前后对角位上,接杀球可还击到杀球者的网前或封网者的后场。

(3)攻方杀球者杀对角后,另一名队员想要退到后场去助攻时,接杀球时可以还击到网前中路或直线网前。

(4)把攻方杀来的直线球挑对角,杀来的对角球挑直线以调动杀球者。

第四节　羽毛球运动的主要规则

一、羽毛球比赛场地

羽毛球场地是一个长13.40m,双打宽6.10m,单打宽5.18m,场地中央被球网(两边柱子高1.55m,中间网高1.524m)平均分开的长方形场地(图4－24)。

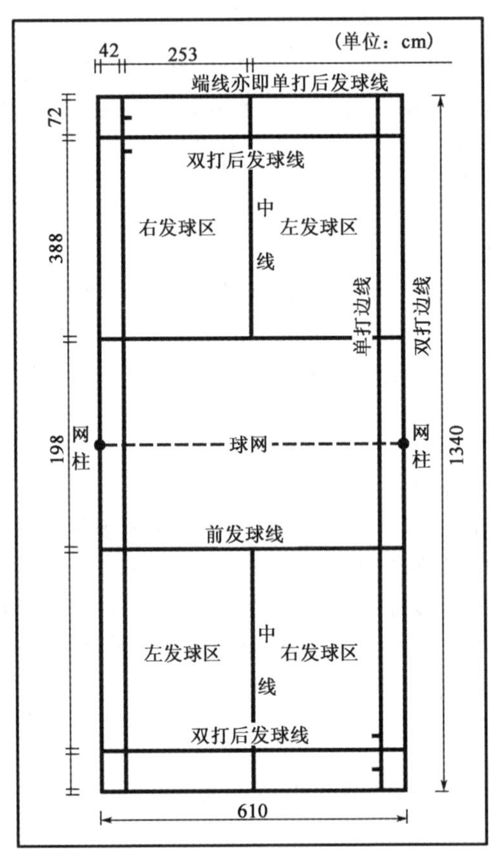

图4－24　羽毛球比赛场地示意

羽毛球场地横向被中线平分为左右两个半区;纵向被分为前场、中场、后场。前场就是从前发球线到球网之间的一片场地;后场是指从端线到双打后发球线之间的一片场地;中场是前发球线与双打后发球线之间的一片场地。

二、羽毛球比赛器材

羽毛球重 4.74～5.5g，由 16 根羽毛插在半球型软木托上。球拍框总长度不超过 68cm，宽不超过 23cm，拍弦面长不超过 28cm，宽不超过 22cm。

三、羽毛球比赛计分规则

(1)类似曾经的乒乓球记分方法，采用 21 分制，即双方分数先达 21 分者胜，3 局 2 胜。每局双方打到 20 平后，一方领先 2 分即算该局获胜；若双方打成 29 平后，一方领先 1 分，即算该局取胜。

(2)新制度中每球得分，并且除特殊情况(比如地板湿了，球打坏了)，球员不可再提出中断比赛的要求。但是，每局一方以 11 分领先时，比赛进行 1 分钟的技术暂停，让比赛双方进行擦汗、喝水等。

(3)得分者方有发球权，如果本方得单数分，从左边发球；得双数分，从右边发球。在第三局或只进行一局的比赛中，当一方分数首先到达 11 分时，双方交换场区。

四、羽毛球比赛站位规则

(一)单打

(1)发球员的分数为 0 或双数时，双方运动员均应在各自的右发球区发球或接发球。

(2)发球员的分数为单数时，双方运动员均应在各自的左发球区发球或接发球。

(3)如“再赛”，发球员应以该局的总的分数来确定站位。若总分为 15 分(单数)，双方运动员均应在各自的左发球区发球或接发球；若总分为 16 分(双数)，双方运动员均应在各自的右发球区发球或接发球。

(4)球发出后，双方运动员就不再受发球区的限制而自由击到对方场区的任何位置，运动员的站位也可以在自己这方场区的界内或界外。

(二)双打

(1)一局比赛开始，应从右发球区开始发球。

(2)只有接发球员才能接发球；如果他的同伴去接球或被球触及，发球方得一分。

①在发球方得分为 0 或双数时，应该由发球方站在右侧的运动员发球，接发

球方站在右侧的运动员接发球;发球方得分为单数时,则应站在左发球区的运动员发球或接发球。

②每局开始首先接发球的运动员,在该局本方得分为0或双数时,都必须在右发球区接发球或发球;得分为单数时,则应在左发球区接发球或发球。

③上述两条相反形式的站位适用于他们的同伴。

(3)任何一局的本方发球员失去发球权后,同时对手获得一分,接着由他们的对手之一发球,如此传递发球权,注意,此时双方4位运动员都不需要变换站位。

(4)运动员不得有发球错误和接发球的错误,或在同一局比赛中有两次发球。

(5)一局胜方的任一运动员可在下一局先发球,负方中任一运动员可先接发球。

(6)球发出后就不再受发球区的限制了。运动员可在本方场区自由站位和将球击到对方场区的任何位置。

五、羽毛球比赛场区规则

(1)以下情况运动员应交换场区:第一局结束;第三局开始;第三局中或只进行一局的比赛进行至一方达到11分时。

(2)运动员未按以上规则交换场区,一经发现立即交换,已得分数有效。

六、羽毛球比赛的违例

(1)发球不合法违例,或接发球者提前移动。

注:发球时,球拍拍框高于握拍手的手腕(称为过手)或者拍框过腰(称为过腰)也都属于犯规。

(2)发球员发球时未击中球。

(3)发球时,球过网后挂在网上或停在网顶。

(4)比赛时违例:

①球落在球场边线外。

②球从网孔或从网下穿过。

③球不过网。

④球碰屋顶、天花板或四周墙壁。

⑤球碰到运动员的身体或衣服。

⑥球碰到场地外其他人或物体(由于建筑物的结构问题,必要时地方羽毛

球组织可以制定羽毛球触及建筑物的临时规定,但其他组织有否决权)。

(5)比赛时,球拍或球的最初接触点不在击球者网的这一方(击球者击球后,球拍可以随球过网)。

(6)比赛进行中违例:

①运动员球拍、身体或衣服触及网或网的支持物。

②运动员的球拍或身体,以任何程度侵入对方场区。

③妨碍对手,如阻挡对方紧靠球网的合法击球。

(7)比赛时运动员故意分散对方注意力的任何举动,如喊叫、故作姿态等。

(8)比赛时:

①击球时,球夹在或停滞在拍上紧接着又被拖带。

②同一运动员两次挥拍连续击中球两次。

③同一方两名运动员连续各击中球一次。

④球碰球拍继续向后场飞行。

(9)运动员违反比赛连续性的规定。

(10)运动员行为不端。

(11)发球区错误。

①发球顺序错误。

②从错误的发球区发球。

③在错误的发球区准备接发球,且对方球已发出。

(12)发球区错误的裁判方法。

①如果错误在下一次发球击出前发现,应重发球;只有一方错误并输了这一回合,则错误不予纠正。

②如果错误在下一次发球击出前未被发现,则错误不予纠正。

③如果因发球区错误而“重发球”,则该回合无效,纠正错误重发球。

④如果发球区错误未被纠正,比赛也应继续进行,并且不改变运动员的新发球区和新发球顺序。

(13)比赛中的出界。

单打的边线,是在边界的里面一条。双打的边线就是最外面一条。单打的前发球线,就是最前面的一条线。后发球线就是底线。发球在这两条线之间才有效。双打的前发球线和单打一样,都是最前面一条。后发球线是底线前的那一条线。发球在这两条线之间才有效。

七、羽毛球比赛的重发球

(1)遇不能预见或意外的情况,应重发球。

(2)除发球外,球过网后,球挂在网上或停在网顶,应重发球。

(3)发球时,发球员和接发球员同时违例,应重发球。

(4)发球员在接发球员未做好准备时发球,应重发球。

(5)比赛进行中,球托与球的其他部分完全分离,应重发球。

(6)司线员未看清球的落点,裁判员也不能做出决定时,应重发球。

(7)"重发球"时,最后一次发球无效,原发球员重发球。

(8)当球挂在网上的时候(无效球),原发球员重发球。

比赛赏析

视频4-8　羽毛球比赛视频

复习思考题

1. 羽毛球运动的基本技术有哪些?
2. 羽毛球运动的基本战术有哪些?
3. 羽毛球运动的竞赛规则有哪些?

第五章

乒乓球运动

乒乓球是球类项目之一。运动员分别站在球台的各一端,用球拍以挡、抽、拉、削等动作,隔网击球;球必须在台上反弹一次后过网,并落在对方台面上为有效。比赛采取五局三胜制或七局四胜制。比赛项目有团体和单项两种。

乒乓球是中国的国球,从1959年第25届世界乒乓球锦标赛容国团首次夺得男子单打世界冠军,到2019年第54届世界乒乓球锦标赛中国队包揽男单、女单、男双、女双、混双五项冠军,中国乒乓球运动在国际大赛中始终起着举足轻重的作用。

第一节　乒乓球运动概述

一、乒乓球运动的起源

乒乓球运动于19世纪末起源英国。乒乓球运动的起源与网球的发展有着密切联系。乒乓球,英文叫"table tennis"(桌上网球)。从这个命名可以看出,网球是乒乓球运动的前身。19世纪中期,网球运动开始向着室外露天和室内厅馆两个方向发展,于是就出现"室内网球"项目。从在地板上打球转到桌子上打球是在19世纪末才开始的。当时使用的球拍长49.5cm,类似小的网球拍,所用的球是硬而轻的实心球,1900年左右出现了用赛璐珞制的球。随着球的变化,球拍也不断改进成为木拍,因为木拍击打乒乓球时发出"乒"声,当球落在桌上时又发出"乓"的声音,所以"乒乓球"的名称就由此产生了。乒乓球最初在欧洲一些国家是一种贵族的娱乐活动,直到19世纪末还仅停留在游戏阶段,后来才逐渐流入民间。

二、乒乓球运动的发展

乒乓球运动某种意义上讲是因球拍工具的不断革新,从而使球在速度和旋转之间相互竞争过程中不断向前发展起来的。最初的球拍是两面贴羊皮纸的空心球拍,其后改用木板拍,1902年英国人发明了胶皮拍,1950年奥地利人发明了海绵拍。1952年日本选手在第19届世界锦标赛上首次使用海绵拍,并取得优异成绩,引起了一场关于能否使用海绵拍的国际争论,直到1969年国际乒联才做出了球拍规格化的决定。随着技术的不断发展,各种不同性能的球拍也应运而生。

乒乓球运动的发展可概括为以下几个阶段:

第一发展阶段为欧洲全盛期。最初,由于运动员使用木制球拍,速度慢,旋转也不强,因此打法单调,运动员只是把球挡来挡去。胶皮拍出现后,因为胶皮拍比木制拍弹性大,摩擦力也大,可以使球有不定的旋转,技术有了一些变化,于是出现了削下旋的防守型打法。这种打法在欧洲占主导地位。

第二发展阶段,优势转向亚洲,日本长抽打法称霸乒坛。1952年第19届世界锦标赛中,日本人利用海绵拍采用远台长抽的进攻型打法,击败了欧洲的下旋削球,一举夺得女团、女双、男单和男双四项世界冠军,从而打破了欧洲运动员垄断地位。

第三发展阶段,中国直拍近台快攻打法崛起世界乒坛。1961—1971年中国乒乓球运动崛起,在这一时期,我国运动员创造了具有"快、准、狠、变"独特风格的近台快攻打法。另外,还发展了以"稳、低、转、攻"为技术风格的削球打法。在1961年第26届世界锦标赛中,中国队既过了欧洲削球关,又战胜了远台长抽打法的日本选手,第一次获得男子团体冠军。第27届获3项世界冠军,第28届获男、女团体世界冠军,男、女双打和男子单打世界冠军,震撼世界乒坛,把世界乒乓球技术向前推进了一大步。

第四发展阶段,欧洲乒乓球运动的复兴和欧亚对抗。欧洲各队在50年代负于日本,60年代败给中国后,欧洲乒乓球选手从失败和挫折中总结经验教训,经过近20年的反复摸索,他们汲取了日本弧圈球和中国近台快攻打法的优点,终于明确了自己技术发展的方向,创造了适合他们自己特点的以弧圈球为主的结合快攻和以快攻为主结合弧圈球的两种新型打法。这两种打法的特点是旋转强、速度快、能拉能打、低拉高打、正反手都能拉弧圈球。他们把旋转和速度紧密地结合起来,是世界乒乓球技术的新突破。

第五发展阶段,进入奥运时代,欧亚竞争更加激烈。1988年,乒乓球被列入

奥林匹克运动会的正式比赛项目,这极大地推动了世界乒乓球运动的进一步发展。世界各国尤其是欧亚乒乓球强国,如瑞典、南斯拉夫、俄罗斯、波兰、匈牙利、德国、朝鲜、韩国、日本和中国等,更加重视乒乓球的普及和提高。进入奥运时代的乒乓球运动,欧亚竞争将更加激烈。目前正处于乒乓球运动史的第五个发展时期。

三、乒乓球运动的价值

乒乓球运动是我国广大群众和少年儿童喜爱的体育运动项目之一,有成千上万的人经常参加这项活动。乒乓球运动具有球小速度快、变化多、设备简单等特点。在室内和室外都可进行,活动量可大可小,适合不同年龄段、不同性别和不同身体条件的人参加。因此,易于开展。经常参加乒乓球运动,不仅可以发展身体的灵敏性和协调性,提高运动的速度和上、下肢的活动能力,还能改善心血管和神经系统的机能,增强体质,而且有助于培养人们勇敢顽强、机智果断、沉着冷静、勇于进取的优良品质。

第二节 乒乓球运动的基本技术

一、握拍方法

乒乓球的握拍方法分直拍握法和横拍握法两种。

(一)直拍握法

直拍握法的特点是正反手都用球拍的同一拍面击球,出手快,正手攻球快速有力,攻斜、直线球时,拍面变化不大,对手难于判断。

(二)横拍握法

横拍握法的特点是正反手攻球力量大,攻削球时握法变化小,反手攻球容易发力也便于拉弧圈,但正反手交替击球时,需变换击球拍面,攻斜、直线时调节拍形的幅度大,易被对方识破。

无论哪种握法,握拍都不应过紧或过松。过紧会使手腕僵硬,影响发力时的手腕动作,过松则影响击球力量和击球的准确性。不应经常变化握拍方法,否则会影响打法类型及风格的形成,尤其是初学者,更应注意。

二、基本步法

(一)单步

(1)移动方法以一只脚为轴,另一只脚向前、后、左、右不同方向移动,身体重心随之落在移动脚上。

(2)实际运用于接近网小球,削追身球,单步侧身攻击在来球落点位于中线稍偏左或对推中侧身突袭直线或对搓中提拉球时常用。

(二)跨步

(1)移动方法一脚蹬地,另一脚向移动方向跨一大步,蹬地脚随后跟上半步或一小步,身体重心即移到跨步脚上。

(2)实际运用于近台快攻打法,用来对付离身体稍远的来球;削球打法,左、右移动击球;跨步侧身攻,当来球速度较慢,但离身体稍远时,左脚向左前上方跨一大步,右脚随即跟上一小步,同时配合腰部右转动作,完成侧身移动。

(三)并步

(1)移动方法是一脚先向另一脚并半步或一小步,另一脚在并步脚落地后随即向来球方向移动一步。

(2)实际运用于快攻选手在左右移动中攻或拉球;削球选手正反手削球,并步侧身攻,多用于拉削球,右脚先向左脚后并一步,以便转体,随之左脚向侧跨一步。

(四)跳步

(1)移动方法是以来球异侧脚用力蹬地,两脚同时离地向来球方向跳动。

(2)实际运用于快攻选手左右移动击球,常与跨步结合起来使用;弧圈类打法由中台向左、右移动时常用;跳步侧身攻或拉,但在空中需完成转腰动作;削球选手在接突击时常采用,但以小跳步来调整站位用得较多。

(五)交叉步

(1)移动方法以靠近来球方向的脚作为支撑脚,该脚的脚尖调整指向移动方向,远离来球方向的脚在体前交叉,向来球方向跨出一大步,身体随之向来球方向转动,支撑脚跟着向来球方向再迈一步,这是前交叉步。后交叉步是在体后完成交叉动作。

(2)实际运用于快攻或弧圈打法在侧身攻、拉后扑打右角空当,或从右大角变反手击球;在走动中拉削球;削球打法接短球或削击球。

三、发球技术

(一)反手发急球

右脚稍前,左手掌心托球置于腹前左侧,右手持拍于身体左侧。抛球后,待球下落时前臂迅速由后向前挥动,拍面稍前倾,击球的中上部。击球后,前臂和

手腕随向前挥动,如图 5 - 1 所示。

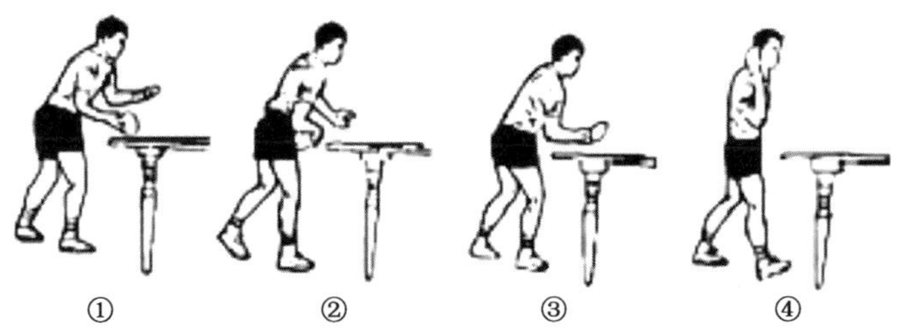

图 5 - 1 反手发急球示意

(二)反手发急下旋球

与反手发急球相似,区别在于拍同球接触瞬间拍面略为后仰,击球的中下部。击球点比网稍低,前臂在向前挥动时手腕下压摩擦球,第一落点应在本方球台的端线附近,如图 5 - 2 所示。

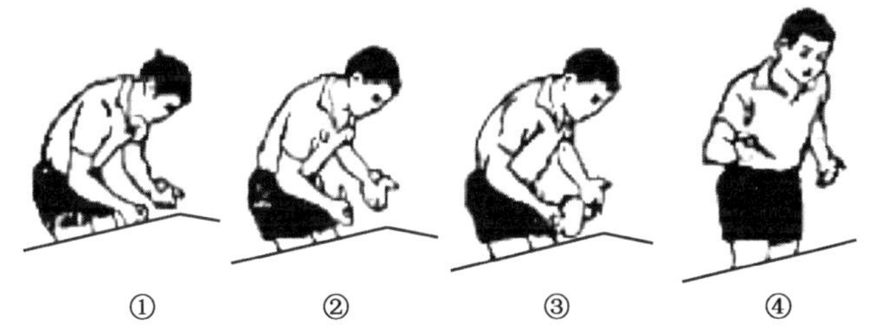

图 5 - 2 反手发急下旋球示意

(三)反手发右侧上(下)旋球

右脚在前,持拍手向左上方引拍,拍柄略向下。当球下落与网同高时,前臂和手腕同时发力,触球瞬间手腕向右上方转动,使拍从球的中部向右上方摩擦。发右侧下旋球时,手腕向右下方转动,使拍从球的中部向右下方摩擦,如图 5 - 3 所示。

图 5 - 3 反手发右侧上(下)旋球示意

(四)高抛发球

站位偏于左半台,右脚稍后,两膝微屈,身体侧对球台约成90°,持球手一侧身体与球台约距20cm。抛球时,持球手肘部要略靠体侧,手托球略高于台面,手腕固定,以前臂发力为主配合膝关节伸展向上抛球。当球抛起后,持拍手臂立即向右侧后上方引拍,手腕也随之外展,腰腹向右侧上稍提起,待球落至比网稍高时开始挥臂击球。拍与球接触的一瞬间,动作和发正手左侧上(下)旋球相同,见图5-4。

图5-4　高抛发球示意

(五)正手发急球

两脚平行站位,左手掌心托球置于腹前右侧,右手持拍于身体右侧。抛球后,待球下落时前臂迅速由后向前挥动,拍面稍前倾,击球的中上部。击球后,前臂和手腕随势向前挥动,如图5-5所示。

图5-5　正手发急球示意

(六)正手发转与不转球

右脚在后,前臂向后上方引拍,拍面略后仰。当球下落与网同高时,前臂迅速向前下方挥动,手腕用力转动,摩擦球的中下部。发不转球时,主要是拍与球接触的一瞬间,用球拍向前撞击,减少向下的摩擦力,见图5-6。

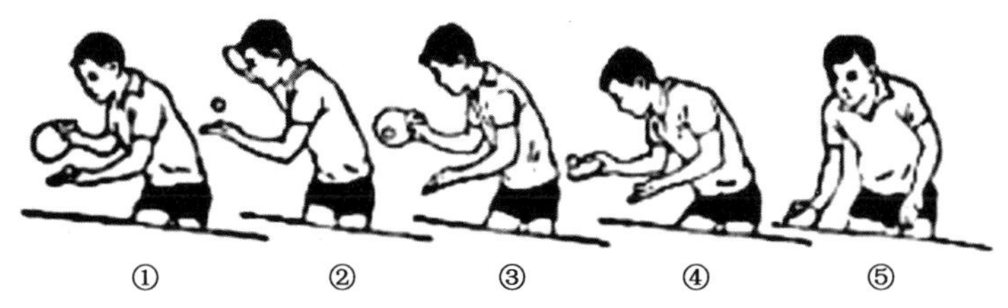

图5－6 正手发转与不转球示意

（七）正手发左侧上（下）旋球

右脚向后，抛球时，持拍手向右上方引拍，手腕外展。当球下落与网同高时，手臂迅速向左下方挥动，触球瞬间手腕快速向左上方转动，使球拍从球的中部向左上方摩擦。发左侧下旋球时，手腕快速向左下方转动，使球拍从球的中部向左下方摩擦，见图5－7。

图5－7 正手发左侧上（下）旋球示意

四、接发球技术

（一）判断与准备

（1）就对方发球时的站位决定自己接发球的站位。

（2）观察对方发球前的引拍方向。

（3）观察球拍触球瞬间摩擦球的方向，判断球的旋转性质。

（4）观察发球时挥臂的动作幅度和手腕用力大小，判断球的落点长短和旋转强弱。

（5）根据发球的第一落点判断来球的长短。

（6）根据球在空中的飞行弧线判断旋转。

（7）根据手感判断来球的旋转。

(8)注意不同性能球拍的颜色及各自的性能。

(二)接发球技术的具体运用

(1)接上旋转(奔球)正反手攻球或推挡回接,拍面适当前倾,击球的中上部,调节好向前的力量。

(2)接下旋长球用搓球、削球、提拉球回接,搓或削时多向前用力。

(3)接左侧上下旋球可采用攻球和推挡(搓球或拉球)回接,拍面稍前倾(后仰)并略向左偏斜,击球偏右中上(中下)部位,以抵消来球的左侧上(下)旋力。

(4)接右侧上、下旋球可采用攻球或推挡(搓球或拉球)回击,拍面稍前倾(后仰)并向右偏斜,击球偏左中上(中下)部位;回接要点和方法与接左侧上、下旋球相同。

(5)接近网短球用快搓、快点或台内突击回接,主要靠手腕和前臂的力量。

(6)接转与不转球在判断不准的情况下可轻轻地托一板或撇一板,但要注意弧线和落点。

(7)接不同性能球拍的发球,长胶、生胶、防弧胶的发球基本属不转球,用相应的方法回接。

(8)接高抛发球如球着台后拐弯的程度大,应向拐弯方向提前引拍。

五、攻球技术

(一)正手攻球

近台中偏右站位左脚稍前,身体斜对球台,持拍手自然放松置于腹前,拍半横状。顺来球路线略向右侧引拍,约与台面齐高,拍面与台面约成80°左右,前臂与台面基本平行。当球从台上弹起,持拍手由右侧向左前上方挥动,以前臂快速内收发力配合手腕内转沿球体做弧线挥动,在上升期击球的中上部,击球位置在身体右前方一前臂距离处,见图5-8。

(二)反手攻球

站位近台右脚稍前,持拍手自然弯曲置于腹前偏左,重心偏于左脚。顺来球线路向后引拍。当球从台上弹起,持拍手由左后向右前上加速挥拍,前臂发力为主,手腕外转,拍面前倾,重心移至右脚,左右胸前击球上升时期的中上部,见图5-9。

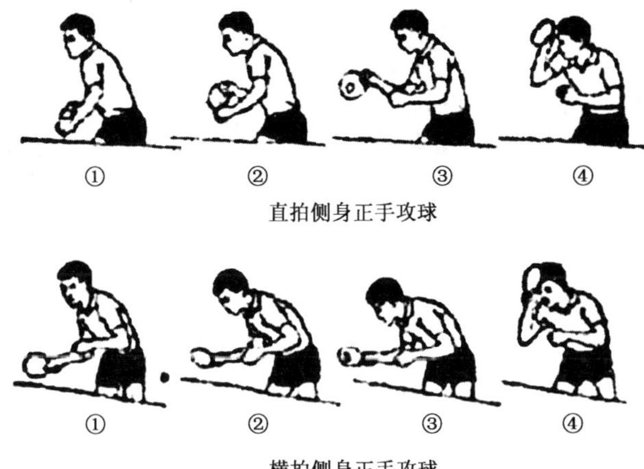

图 5－8　正手攻球示意

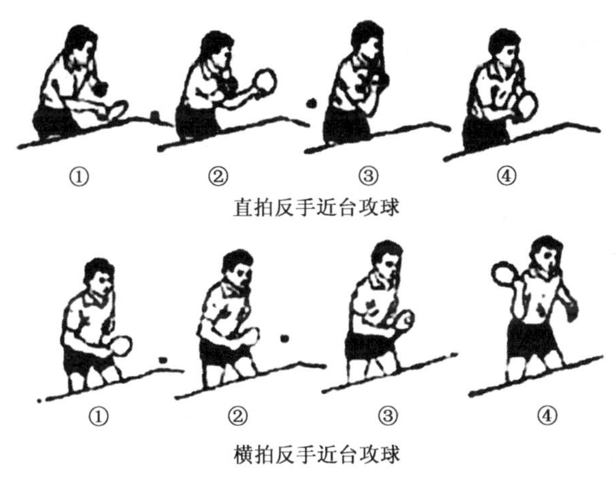

图 5－9　反手攻球示意

六、推挡球技术

（一）挡球

近台中偏左站位，左脚稍前，屈膝提踵含胸收腹，重心在前脚掌上，持拍手置于腹前，上臂靠近身体右侧，球拍半横状。前臂和手腕顺来球路线向前伸出主动迎球，上升期击球中部，拍面与台面几乎垂直，拍触球后立即停止，迅速还原成准备姿势，如图 5－10 所示。

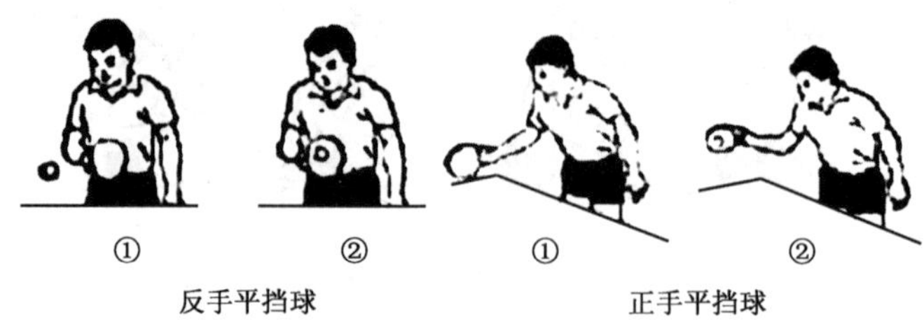

图 5 - 10　挡球示意

(二)推挡球

近台中偏左站位,右脚稍前,击球时提起前臂上臂后收肘部贴近身体,在上升时期或高点期击球中上部。击球时适当用伸髋转腰动作加大手腕发力,并用中指顶住拍背向前用力,见图 5 - 11。

图 5 - 11　推挡球示意

七、搓球技术

搓球是近台还击下旋球的一种基本技术,特点是站位近动作小,回球多在台内进行,也是初学削球必须掌握的入门技术。

(一)正手快搓

两脚平行或右脚稍前站立,两膝微屈,身体靠近球台。击球前,右手向右上方引拍,拍面稍后仰。击球时,前臂和手腕向左前下方挥动,在来球上升期摩擦球的中下部,将球快速搓出,见图 5 - 12。

(二)反手快搓

两脚开立,两膝微屈,身体靠近球台。击球时,拍面稍后仰,前臂配合手腕动作向前下方送出,在来球上升期摩擦球的中下部,将球快速搓出,见图 5 - 13。

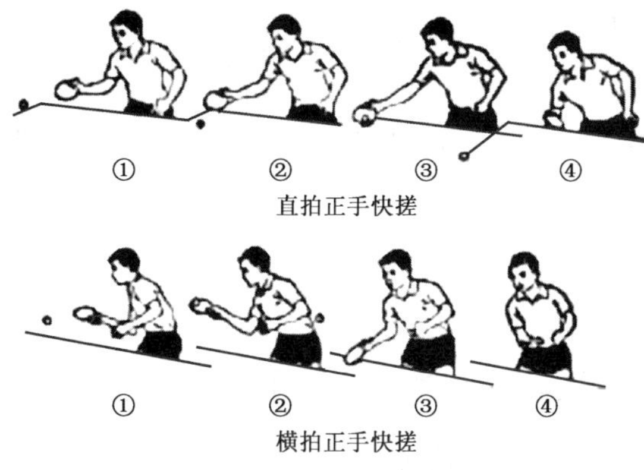

图 5－12　正手快搓示意

图 5－13　反手快搓示意

（三）正手慢搓

两脚开立，右脚稍后，两膝微屈，身体稍向右转，离台稍远。击球前，向右上方引拍，拍面后仰。击球时，前臂和手腕向左前下方挥动，在来球下降期摩擦球的中下部，将球搓出，见图 5－14。

（四）反手慢搓

两脚开立，身体离台稍远，手臂自然弯屈，向左上方引拍。击球时，前臂内旋配合转腕动作向前下方用力，拍面后仰，在来球下降期摩擦球的中下部，将球搓出，见图 5－15。

图5－14　正手慢搓示意

图5－15　反手慢搓示意

八、削球技术

(一)正手近削

两脚几乎与球台平行站立,身体离台稍近。击球时,稍向右转,右脚拉后半步,手臂自然弯曲,引拍约与肩平,拍面稍后仰,前臂用力向左前下方切削,手腕配合下压,一般在来球高点期摩擦球的中部或中下部,见图5－16。

(二)反手近削

两脚开立,右脚稍前,两膝微屈,身体离台稍近并略向左转。手臂自然弯曲,向左上方引拍约与肩平,拍面稍后仰。击球时,手臂迅速向右前下方挥动,以前臂和手腕用力为主,在来球高点期摩擦球的中部或中下部,将球削出,见图5－17。

(三)正手远削

两脚开立,右脚在后,身体离台1m以外,两膝弯曲,上体稍向右转,重心支撑点在右脚上。手臂自然弯曲,引拍至右肩侧。击球时,手臂向左前下方挥动,

直拍正手近台削球

横拍正手近台削球

图 5－16　正手近削示意

图 5－17　反手近削示意

拍面后仰,手腕在拍与球接触的一瞬间转动,在来球下降期摩擦球的中下部。击球后,迅速还原,准备下一次击球,见图 5－18。

(四)反手远削

两脚开立,右脚在前,两膝微屈,上体略向左转,重心支撑点放在左脚上,引拍至左肩侧。击球时,上臂带动前臂向右前下方挥动,拍面后仰,手腕跟着前臂用力方向转动,在来球下降期摩擦球的中下部,将球削出,重心支撑点移至右脚。击球后,迅速还原,准备下一次击球,见图 5－19。

图5－18　正手远削示意

图5－19　反手远削示意

九、弧圈球技术

(一)正手弧圈球

两脚开立,右脚稍后,身体略向右转,重心支撑点放在右脚上。自然引拍至

右下方约与台面齐高处,拍面保持前倾。当来球从台面弹起时,腰部由右向左转动,前臂在上臂带动下向前发力,手腕略为转动,拍面与台面约成50°,在高点期摩擦球的中上部。击球后,重心支撑点移至左脚,见图5-20。

图5-20　正手弧圈球示意

（二）反手弧圈球

两脚平行或右脚稍后站立,两膝微屈。击球前,引拍至腹部下方,含胸收腹,肘部略向前出,手腕后屈,拍面前倾。当来球从台面弹起时,以肘关节为轴,前臂迅速向上方挥动,结合手腕向上转动的力量,在下降期摩擦球的中部或中上部。在击球过程中两膝逐渐伸直,重心上提,见图5-21。

图5-21　反手弧圈球示意

第三节　乒乓球运动的基本战术

一、发球抢攻战术

发球抢攻是我国直板快攻打法的“杀手锏”,是力争主动、先发制人的主要战术。各种类型打法的运动员都普遍采用发球抢攻来抢占每个回合的上风。发球战术运用的效果主要取决于发球的质量和第三板进攻的能力。

发球抢攻战术因打法的类型不同而有所差异,但常用的发球抢攻战术主要有以下几种:

(1)正手发转与不转球。

(2)侧身正手(高抛或低抛)发左侧上(下)旋球。

(3)反手发右侧上(下)旋球。

(4)反手发急球或急下旋球。

(5)下蹲式发球。

二、接发球战术

接发球战术与发球抢攻战术同样重要,在某种意义上讲,接发球水平的高低可以反映运动员的实战能力以及各项基本技术的应用程度。事实上,接发球者只是暂时处在被控制状态,如果你破坏了发球者的抢攻意图或者为他制造了障碍,减弱了对方抢攻的质量,也就意味着已经脱离被控制状态,变被动为主动了。控制与反控制是辩证的统一。常用的接发球战术:

(1)稳健保守法。

(2)接发球抢攻。

(3)盯住对方的弱点处,寻找突破口。

(4)控制接发球的落点。

(5)正手侧身接发球。

三、搓攻战术

搓攻战术是进攻型打法的辅助战术之一,主要利用搓球旋转的变化和落点的变化为抢攻创造机会。这一战术在基层比赛中被普遍采用。搓攻战术也是削球型打法争取主动的主要战术之一。常用的搓球战术有:

(1)慢搓与快搓结合。

(2)转与不转结合。

(3)搓球变线。

(4)搓球控制落点。

(5)搓中突击。

(6)搓中变推或抢攻。

四、对攻战术

对攻战术是进攻型打法在相持阶段常用的一项重要战术。快攻类打法主要依靠反手推挡(或反手攻球)和正手攻球(或正手拉弧圈球)的技术,充分发挥快速多变的特点来调动对方。常用的对攻战术有以下几种:

(1)紧逼对方反手,伺机抢攻或侧身抢攻、抢拉。

(2)压左突右。

(3)调右压左。

(4)攻两大角。

(5)攻追身球。

(6)变化击球节奏,加力推和减力挡结合,发力攻、拉与轻打轻拉结合,也可造成对手的被动局面。

(7)改变球的旋转性质,如加力推后、推下旋;正手攻球后,退至中远台削一板对方往往来不及反应,可直接得分或创造机会球。

五、拉攻战术

拉攻战术是以攻为主的选手对付削球的主要战术。为了发挥拉攻的战术效果,首先要具备连续拉的能力,并有线路、落点、旋转、轻重等变化,其次要有拉中突击和连续扣杀的能力。常用的拉攻战术主要有:

(1)拉反手后,侧身突击斜线或中路追身球。

(2)拉中路杀两角或拉两角杀中路。

(3)拉一角或杀另一角。

(4)拉吊结合,伺机突击。

(5)拉搓结合。

(6)稳拉为主,伺机突击。

六、削中反攻战术

我国乒坛名将陈新华以及第43届世乒赛男单冠军丁松成功地运用削中反攻的战术创造了辉煌,令欧洲选手手足失措,无以应对。这种战术主要靠稳健的削球,限制对方的进攻能力,为自己的反攻创造有利条件。它不仅增强了削球技术的生命力,也促进了攻防之间的积极转化。常用的削中反攻战术主要有:

(1)削转与不转球,伺机反攻。

(2)削长短球,伺机反攻。

(3)逼两大角,伺机反攻。

(4)交叉削两大角,突击对方弱点。

(5)削、挡、攻结合,伺机强攻。

七、弧圈球战术

由于弧圈球战术把速度和旋转有效地结合起来,稳健性好,适应性强,许多著名选手已用它去替代攻球或扣杀。常用的战术有:

(1)发球抢攻。

(2)接发球果断上手。

(3)相持中的战术运用。

第四节　乒乓球运动的主要规则

一、乒乓球比赛场地与器材

乒乓球正式比赛场空间应不少于14m长、7m宽、4m高,赛区应由75cm高的同一深色的挡板围起,以与相邻的赛区及观众隔开。

球台长2.74m,宽1.525m,高76cm。比赛台面边缘各有一条2cm宽的白色边线,双打时,各台区应由一条3mm宽的白色中线,划分为两个相等的“半区”。中线与边线平行,并应视为右半区的一部分。球网高15.25cm,网柱外缘离开边线外缘的距离为15.25cm。

球应为圆球体,直径为40mm,球重2.7g,呈白色,黄色或橙色,且无光泽。

球拍的大小、形状和重量不限,但底板应平整、坚硬。用来击球的拍面应用一层颗粒向外的普通颗粒胶覆盖,连同黏合剂厚度不超过2mm;或用颗粒向内或向外的海绵胶覆盖,连同黏合剂,厚度不超过4mm。

二、乒乓球比赛项目

国际公开锦标赛可以包括男子单打、女子单打、男子双打、女子双打,也可包括混合双打和代表协会参赛队的团体赛。在成年单打比赛中,除预选赛外,比赛

应采用七局四胜制,少年单打比赛可以采用五局三胜制。

单项比赛一般应采用淘汰制进行,但团体赛和单项预选赛可以按淘汰制或分组循环制进行。

三、合法发球

发球时,球应放在不执拍手的手掌上,手掌张开和伸平。球应是静止的,在发球方的端线之后和比赛台面的水平面之上。发球员须用手把球几乎垂直地向上抛起不少于16cm,不得使球旋转,当球下降时发球员方可击球。

四、发球次序

由抽签来决定选择发球、接发球的权力。每两分后换发球,直至该局比赛结束,或者直至双方比分都达到10分或实行轮换发球法,这时,发球和接发次序仍然不变,但每人只轮发一分球。

五、计胜方法

在一局比赛中,先得11分的一方为胜方,10平后,先多得2分的一方为胜方。一场比赛应采用五局三胜制或七局四胜制。

比赛赏析

视频5-1 乒乓球比赛视频

复习思考题

1. 乒乓球运动的基本技术有哪些?
2. 乒乓球运动的基本战术有哪些?
3. 乒乓球运动的竞赛规则有哪些?

第六章

网球运动

第一节　网球运动概述

一、网球运动的起源

网球运动起源于法国。早在12—13世纪,法国的传教士用手掌击打一种小球来娱乐,当时,这种游戏被称作"掌球戏"。14世纪中叶,这种游戏传入英国,当时球的表面是用绒布做的,英国将这种球称为"tennis"(英文网球),并流传下来。

二、网球运动的发展

15世纪,人们发明了用线编制的网球拍,场地也已成雏形,并制定了相应的比赛规则。1873年,英国的菲茨德尔少校改进了早期的网球打法,规定了球网的大小和高低,创造了简易的草地网球比赛。1875年英国板球俱乐部修订了网球的比赛规则后,于1877年7月举办了第一届温布尔登草地网球锦标赛。至此,现代网球正式形成,并很快在欧美盛行起来,成为一项深受欢迎的室外体育运动。1885年左右,网球运动传入我国上海、广州等地,并首先在教会学校中开展。

最早成立的网球运动组织是全英槌球和草地网球总会,并于1877年举行了第一届温布尔顿网球冠军赛,揭开了现代网球运动的帷幕。国际网联成立于1912年,总部设在英国伦敦,推动了网球运动飞速发展。目前,在国际性的大赛中,比较盛名的重大比赛有:温布尔顿网球锦标赛、法国网球公开赛、美国网球公开赛和澳大利亚网球公开赛。以国家为单位参加的网球团体赛有戴维斯杯男子

网球赛和联合杯女子网球赛。为了适应网球运动的发展，1972 年、1973 年相继组织了国际男子和女子职业网球协会。

网球运动在技术方面发展的一个突出的特点就是从防御转为进攻，即由底线型打法转向上网型打法和综合型打法。过去典型的打法是正手进攻，反手击球只是防御性的下旋击法。现在正反手大都采用同进攻性较强的上旋击法。同时加强反手击球的力量，不少优秀选手采用双手握拍反手击球技术。发球技术也采用了大角度的切削发球，注重力量和速度，加强了进攻的威力。网球技术的发展，使比赛中双方攻守技术又提高了一个新的水平：各种打法都力求技术全面；发球讲究力量大，速度快，落点准并旋转多变；正手、反手技术日趋平衡；网前进攻和底线破网技术讲求质量；每个优秀选手都能灵活运用几套攻守战术。因此，网球技术正朝着综合型打法发展。

三、网球运动的价值

网球运动深受人们喜爱，是极富有乐趣的一项体育活动。它既是一种消遣，一种增进健康的方式，也是一种艺术追求和享受，当然它还是一种扣人心弦的竞赛项目。而且，网球运动是适合不同年龄男女的有氧运动，网球是隔网运动，没有身体接触，所以不容易受伤。网球是一项高雅的运动，打网球文明，高雅，动作优美，每打出一次好球，都会使人感觉兴奋异常，愉快无比，是一种美的享受。而其中最重要的是，网球作为一种重要的健身手段，它对增进人们的身心健康，发展智力，培养坚韧的意志品质，具有独特的作用。这些作用主要包括以下几个方面：

（1）提高身体素质。有人曾经作过统计，在一场有相当水平的网球比赛中，运动员所跑的路程在 5000m 左右，有的甚至达到 10000m，不下于一场激烈的足球比赛。运动员在比赛过程中，还要作出及时的判断，不时前进或后退，左移或右转跃起，急停或猛扣等。一个网球运动员无论在力量、速度、耐力、柔韧性和灵敏性方面，都必须具备良好的素质。特别是随着网球技术的不断发展，上网打法已相当普遍，运动员在发球或接发球之后都积极争取时机跑到近网处作空中截击、高压动作，这时要照顾到前后左右四个方位的来球，如果没有精确的预测能力、快速的灵敏反应，以及熟练的截击、高压技术，就不能适应这种打法。

（2）促进体格均衡发展。网球运动是一项全身心性的运动项目。击球时，下肢用力蹬地，随着转体，带动手臂；球拍击球这个过程中，需要上下肢协调配合，需要颈部、肩部、胸部、背部、腰部、腿部的大小肌群共同参与工作，共同完成动作。经常打网球，不但可以使人体颈、肩、脊柱、髋、踝等部位都得到很好的锻炼,而且有利于改善和矫正身体姿势,使人体各部位协调发展,形成健美的体形。

(3)提高呼吸系统功能。网球是一项以有氧和无氧运动互相交替,以有氧运动为主的一项体育运动。在运动中,活动者在底线打对攻战,或是不停地在底线或两侧来回奔跑,或是到网前救小球,这能够有效地提高运动者的肺活量。一些高水平的运动员为了适应激烈的比赛,经常要进行一些野外活动,如长跑、登山、游泳等运动,以增大肺活量,从而促进体能的发展。

(4)强化人的心理品质。网球是一项需要全身各部位肌肉参与的运动,若是单打比赛,场上只有对手和自己,所有的难题只有依靠自己去面对和解决,因此,网球也可以说是一种智力对抗活动,需要参与者精力高度集中,每球必争。当球员面临被对手破发的危险时,还需要稳定的心理素质。因此,经常参加网球运动有助于锻炼意志,培养自信和临危不惧等优良心理素质。

(5)发展个性,放松身心。网球运动可以充分使人们身心放松。上班族有工作上的压力,学生族有课业上的负担,中年人承受着养家糊口的烦忧,老年人则要饱受慢性病的痛苦折磨等诸多问题。如何缓解压力,如何培养健康的生活方式已成了困扰现代人文明健康生活的一个重要课题。研究表明,适当的运动可以增进体能并增强免疫系统强化的作用。因此,选择适合自己的运动并配以充足的休息,是疏解压力、调节免疫的最佳手段。在网球运动中,需全神贯注排除一切杂念,快速的奔跑击球、大力扣杀等活动可以把一天的疲劳、困扰等挥洒得干干净净,使身心彻底地摆脱压抑和束缚,从而可以有效地促进人们的身心健康。特别是在击出了一个好球,击出了一个不该失误的球时,你可以充分地咆吼、跳跃、丢拍子等,释放你的个性气质。

第二节　网球运动的基本技术

一、握拍法

网球有三种基本握拍法,即“东方式”“西方式”“大陆式”。这里只介绍“大陆式”。

(1)正手握法:手掌V形,虎口正对拍柄的左上斜面,大拇指扣压住左平面,食指关节握拍柄的上平面边缘和右上斜面的位置,如图6-1所示。

(2)反手握法:手掌V形,虎口的位置与正手握法相同,不同处在于拇指略放松一些,而非紧扣压拍柄。

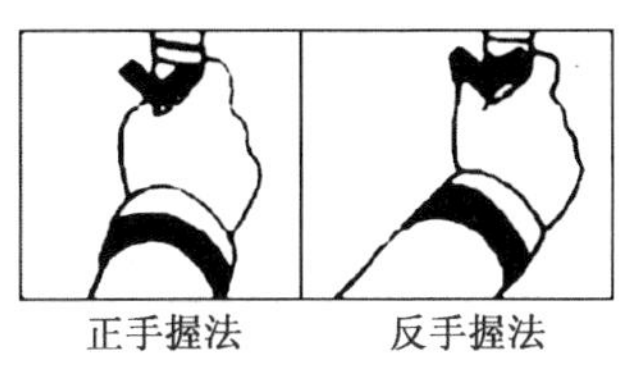

图 6－1　正手握法示意

二、准备姿势

准备姿势正确与否关系到启动快慢和击球效果。正确的准备姿势是双脚叉开,稍宽与肩,脚掌着地,脚跟略提起,身体重心置于两脚掌之间,两膝微屈,上体微前倾,双手持拍于腰前,两眼注视双手或来球,见图 6－2(视频 6－1)。

图 6－2　准备姿势示意

视频6-1　准备姿势

三、正手抽球技术

正手抽球是在端线附近回击来球和进攻对方的重要基础技术,它的特点是速度快、力量大,球被击出后有一定弧线,是比赛中经常采用的一种技术。

动作方法:右手持拍者,从准备姿势开始,迅速移动到来球位置,最后一步要保持左脚在前,身体左侧朝来球方向。击球时,球拍充分向后挥摆,手臂伸展,两眼注视来球。向前挥拍迎球过程中,球拍由低向高挥动,击球点在身体右前方,击球的中部和中上部,手腕固定握紧球拍,大臂和腰随身体转动向身体前上方协调配合用力,身体重心从右脚移到左脚。击球后拍随势挥至身体的左侧前上方,见图 6－3(视频 6－2)。

图6-3 正手抽球示意

四、反手抽球技术

动作方法:当来球飞向反方向时,移动到位要保持右脚在前,身体右侧朝来球方向,球拍向左后挥摆,持拍手臂的肘部保持适当弯曲,拍头稍翘起,在迎球时,挥拍手臂与转体相配合,球拍由低向高挥动,击球点在身体左前方,高度在腰间。拍触球时,手腕固定握紧球拍,拍面垂直或稍向后仰,击球的中部。击球后拍随势至身体的右前上方,身体重心从左脚移到右脚,见图6-4(视频6-3)。

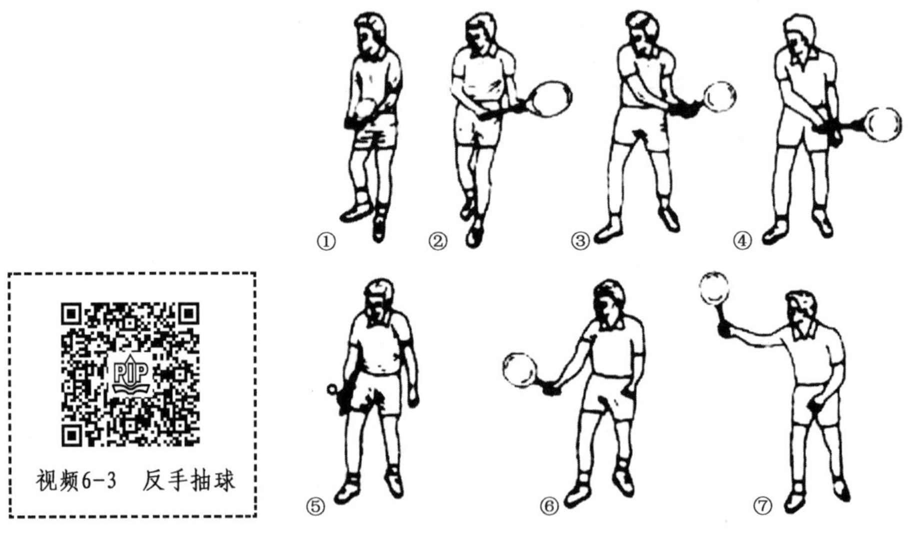

图6-4 反手抽球示意

五、双手反手抽球技术

该项技术多用于在端线附近抽击反手球，由于击球时双手在拍柄上有个支撑点，当球与拍碰撞时，拍面的稳定性强，球拍不易被撞动或扭转。

动作方法：当判断来球是飞向反手位时，在移动到位的最后一步应保持右脚在前。身体右侧朝来球方向，双手握球拍向左后挥摆，右臂伸展较大，左臂弯曲，在迎球时，挥臂与转体动作配合，使球拍由低向高挥动，击球点保持在髋前，拍触球时双手紧握球拍，双肩和双髋随着转动，拍面垂直或稍后仰，击球的中部。击球后双手随势挥至右侧头部高度，身体重心由左脚移到右脚，动作完成后还原成准备姿势，见图 6 –5（视频 6 –4）。

图 6 –5　双手反手抽球示意

六、发球技术

视频6-4　双手反手抽球

发球位置在底线终点的右区，每一分有两次发球机会，如两次发球失误则对方得一分。第二次发球换在左区，第三分又回到右区，如此轮换，直到本局结束。下一局换对方发球。

发球的方法有：一般发球、削击发球、平击发球和侧上旋发球。这里只介绍一般发球。一般发球动作方法：两脚自然开立，侧向球网，前脚与端线约成 45°，身体重心置于后脚。抛球时球拍开始靠近膝关节向后下方挥动，左臂和左肩上举将球抛起，右肘弯曲，使球拍在背后下垂。向上挥拍击球时，充分伸展手臂，拍头朝前，在右肩上空击中由上下落的球。发球动作结束时，球拍向左下挥过身体，后脚摆过端线，见图 6 –6（视频 6 –5）。

视频6-5　发球

图6-6　发球示意

视频6-6　接发球

七、接发球技术

接发球站位:一般站在端线附近,力求在接发球时移动击球(视频6-6)。

(1)准备姿势:两脚自然平行站立,略宽与肩,右手持拍者一般右脚稍前,两膝微屈,上体稍前倾,脚跟提起,将球拍置于体前。

(2)在接发球的全过程中两眼始终要注视来球方向,直到完成还击动作为止。

(3)还击来球之前观察对方行动,同时判断对方来球的性质,选择恰当的击球方式来完成接发球动作,控制对方发球抢攻,由被动变为主动。

八、拉上旋球技术

当今优秀网球运动员的打法多具有上旋性质。它的特点是上旋打法比较凶狠,球落地反弹冲力大,威胁性强,稳定性高。它的运用时机有几种情况:(1)有较充裕的击球时间;(2)用于还击反弹球;(3)用强烈上旋球对付上网的运动员;

(4)用带有一定上旋的球,拉出浅而短的斜角球。

动作方法:正手拉上旋左脚在前,身体侧向来球,球拍后摆动作比一般抽球要大要低,拍面稍前倾,在由低向高挥拍过程中,拍与球撞击时,拍速要很快,前臂和手腕除随上臂和身体一起上发力以外,还要附加前旋动作,以使球拍向上摩擦而产生强烈上旋,同时紧握拍柄。击球后将球拍向上挥过头部,见图 6-7。双手反手拉上旋球动作,见图 6-8。

图 6-7　正手拉上旋球示意

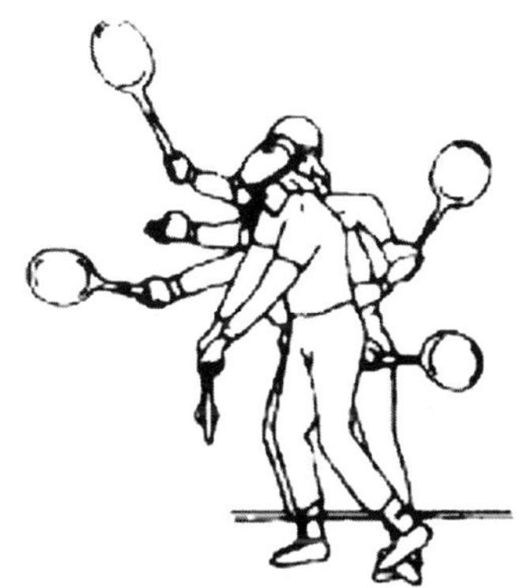

图 6-8　双手反手拉上旋球示意

九、截击球技术

截击球是网前技术中的一种攻击性击球方法,当球在落地之前,将球击回对方场区,它回球速度快、力量大、威胁重。

截击球的后摆动作不应过大,击球点保持在身体前方 30~60cm,要向前迎击来球,注意拍头不要下垂,要保持拍头高于手腕,击球时手腕固定,拍子应紧握,击球时拍子不能转动。

(1)正手截击球动作方法。截击时站在网前 2.5~3m 位置,准备姿势与一般击球大体相同,但球拍要举的高一些,约与眼部同高。截击时后摆要小,击球点保持在身体前方,拍触球瞬间手腕固定,用力紧握球拍,略加向前推击的动作即可,见图 6-9(视频 6-7)。

(2)反手截击球动作方法。准备姿势同正手截击,动作区别是:反手截击比正手截击的击球点要高一些,因此要及早跨出右脚。击球时手腕固定,用力紧握球拍,拍面稍前倾,触球中上部。击球后右臂伸展,向前下压送,见图 6-10(视频 6-8)。

图6-9　正手截击球动作方法示意

图6-10　反手截击球动作方法示意

十、高压球技术

高压球多用在网前的击球动作,当自己上网时,对方挑高球破上网,这时多在头部上空用扣杀动作还击来球。绝大多数的高压球用正拍打,根据对方挑过来的球其高低程度不同,高压球分为原地高压、跳起高压,如图6-11所示(视频6-9)。

图6-11　高压球动作示意

十一、挑高球和放短球技术

（一）挑高球技术

挑高球是指使还击的球越过网前对手的头顶落入对方场区。挑高球有进攻性和防守性两种。当对方上网时可用以迫使对手后退；当击球员处于被动时，利用球在高空时迅速恢复用力位置。挑高球分平击挑高球、上旋挑高球、下旋挑高球等多种，一种要求落点深。挑出上旋高球时，因球落地后会冲向端线，可使位于网前的对手措手不及，具有一定攻击性，见图 6－12。

图 6－12　挑高球示意

（二）放短球技术

放短球一般是处在网前的击球员突然回击近网短球，使活动于底线的对方来不及还击。此外，也可用来迫使不善于网前击球的对手因上网而受困。放短球时，要求多用于手腕动作，带有削击。正手放短球和反手放短球分别见视频 6－10、视频 6－11。

视频6-10　正手放短球

视频6-11　反手放短球

十二、随击球和击反弹球技术

(一)随击球技术

随击球是指在随击球上网的战术中的上网前的一次落地击球。当对方来球落在中场发球线附近时,必须抓紧时机,打随击球上网进攻。

当从底线向场内移动时,球拍必须随之完成后摆动作,准备好击球动作,不要等到跑到球的跟前时才拿起球拍来。随击球不能向底线抽球那样有一个十分完整的挥拍过程,后挥要缩短,然后向前做一个推动的动作。随击球大多采用切削的下旋击球,将球深推,由于下旋球弹跳低,对方不易破网。要明确随击球并不是得分的手段,而是为上网创造条件,打完随击球后不能停在场,要赶快跟着球的方向封网。

(二)击反弹球技术

来球刚一落地立即在弹起上升的初期,球还未跳至最高之前,在击球队员是的较低击球点处击球,这种击球叫击反弹球。

由于来球的反弹上升力很大,通常是利用前臂带动手腕动作把球借力推挡过网,球拍的后摆和前挥动作都要求短小。用反弹还击的难点是在球拍挡球时,必须正确估计球的落点和反弹角度。反弹击球时,控制球飞进方向的主要方法是使拍面向前倾斜,两脚弯曲要大些,应注意尽量避免上体过于前倾,这样才不至于影响正确的击球动作。反弹球可分轻击反弹球、推击反弹球和抽击反弹球。

第三节　网球运动的基本战术

在网球运动中,不管你是职业选手还是业余爱好者,只要你进行记分比赛,那就涉及用什么办法去赢球的问题,在一场实力相当的比赛中,战略战术运用得如何,将直接影响参赛者的水平发挥和比赛结果。

一、单打的基本战术

(1)正确处理好稳定性击球和冒险性击球的关系。在网球比赛中,运动员击球的目的是使对方失误。因此,在早期的网球练习中,任何人都应坚持以稳定性为主,并提高击球的成功率,避免无故失误。

(2)了解对手,争取主动。单打比赛之前,首先要了解一些对手的基本情

况,然后再制定出自己的比赛战术,需要了解对手的握拍方法、正(反)手的击球特点、站位习惯、击球的路线、击球的力量、年龄和体力情况、心理素质等。

(3)积极调动对手,寻找有力空当。在比赛中,如果双方处于相持阶段,便要在底线附近击球的同时寻找调动对手、发动进攻的机会。这时可采用大角度调动对手,使对手在左右跑动中接球。

(4)攻击对方反手。众所周知,绝大部分球员的反手是比较弱的,只要大力量攻击对方反手,迫使对方逐步离开场区的位置,就可以掌握主动权。

(5)发球后立即上网。发球是创造上网截击的最佳途径,是获取胜利的必要手段。但也绝非一发球就能上网,要善于寻找机会迅速上网。

(6)阻止对方发球上网。当对方发球后上网时,最有效的方法是在他上网跑动的过程中把球击向他的脚部。如果对方已经占据了网前有利的位置,则有以下破网的方法:把球直线击向对方所在发球区边线附近;斜线击向右发球区边线附近;挑高球,击向对方左底线角附近。

(7)接发球后快速上网截击。当对方发球的力量不是太大、角度又不十分刁钻时,或球的旋转较慢时,接球者可以用有利的正、反手击球,把球击到对方后场,随即上网截击。

总之,在单打战术的运用上,要力求牵住对方,使对方随着自己节奏的变化而变化,决不能跟着对方走。这就要求自己要善于抓住对方的弱点,以熟练的击球技术打好每一个战术球,争取整场比赛压着对方打。

二、双打的基本战术

双打是两人配合的比赛项目,双打与单打战术不同,它形成了另一种战术体系。双打战术与单打战术主要有以下几点区别:

(1)在击球的路线和落点上不同。以单打的底线战术为例,在慢速场地和女子比赛中广为流行的战术是以正、反拍抽击直线深区为基本路线和落点来组织进攻的。而双打由于两人并肩站立,有效的击球线路和落点多为中路和和小斜线。高水平的双打有时会拉开对方,攻中间空当,巧妙地把球打到对方的脚下,迫使对方从上向下击球,从而抓住时机抢网截击。有时落点比力量更重要。

(2)战术的特点与分类不同。如果说单打战术可以简单地分为底线型、网前型和综合型,那么在高水平的双打比赛中发球局几乎是清一色的网前型,不论在什么性能的场地上,也不论是男双、女双还是混双,两人不利用发球抢攻夺下发球局,想在接发球时反攻就比较困难了。

(3)击球方式不同。双打较单打需要更加全面的技术,高水平的双打比赛几乎是发球、接发球、截击球、破网、高压球、挑高球的比赛,凌空击球的次数明显增加,并随之出现了许多高难技术,如接发球破网、接发球挑高球、反弹球、截击挑高球和放轻球、追小球破网等,这都是双打战术的需要。

(4)双打比赛的发球局得胜率比单打比赛高。由于双打比赛发球局有一人可以抢先占据网前的进攻位置,再加上发球者的用力进攻,使得发球方得胜的概率明显增多。一旦一方丢失发球局,则很难挽回该盘比赛的劣势。如果在势均力敌的较量中,局数战至六平,打小分时的发球也不可轻易丢失,不然就很难挽回败局。

第四节　网球运动的主要规则

一、网球比赛场地

网球场地(图6－13)分草地、硬地、土地和涂塑场地。硬地网球是在水泥或沥青球场进行,球落地后反弹高、速度快,属快速场地,这种球场对上网打法很有

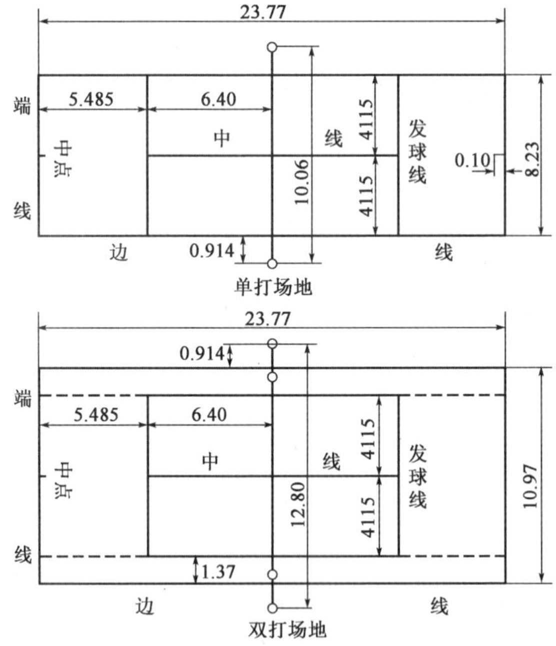

图6－13　网球场地(单位:m)

利。土地网球是使用黄泥球场,球落地后速度较慢,属慢速场地,适宜以稳守为主的底线型打法。草地网球属中性场地,适于混合型打法。涂塑场地则和快速场地相近,还有沙地属慢速场地。

全场除端线可宽至10cm外,其他各线的宽度应在2.5～5cm的范围内;全场各区的丈量除中线外,都从各线的外沿计算;场地的边长是23.77m,单打端线为8.23m,双打为10.97m;发球线至端线5.485m,发球至球网地面6.40m;发球区每半场有左右两个区,长6.40m,宽4.115m;中点位于端线中心,长0.10m,宽0.05m;网柱高1.07m,球网中央高0.914m;场地周围空地,端线外至少要有6.40m,边线外至少要有3.66m。

球场固定物包括球网、网柱、单打支柱、绳或钢丝绳、中心带、网边白布,还包括球场四周的挡网、看台、固定的或可移动的坐椅,安置在场地的周围上空的设备,以及在各自位置上的裁判员、司线员等。

比赛经常发生的球触固定物,有两种情况,击出的球落到对方场区地面后再触及固定物(球网、网柱、单打支柱、绳或钢线绳、中心带)时判击球者得分;球在落地前触及固定物,判对方得分。

二、网球比赛的方法

网球比赛项目有七种:男、女单打,男、女双打,男、女团体赛和男、女混合双打。每场比赛一般为三盘两胜制。戴维斯杯赛和"四大网球赛"的男子项目采用五盘三胜制。

网球比赛的记分,最小单位是分,然后是局,最后是盘。每一局采用0、15、30、40、60的记分方法,整个一局的分数为60。比赛时得一分呼报15分,再得一分呼报30,得3分呼报40,先得60分(即4分)为胜一局,如果比分是40∶40,叫平分,一方必须再连得两分才算胜了这局,比赛双方,先胜六局为胜一盘,如各胜五局,一方必须再连胜两局才能结束这一盘。近年采用平局决胜制,当局数为6∶6时,只再打一局决胜负。此局中,先得7分者为胜方。若打成5∶5平分,一方还是连续领先两分才算胜此局。

比赛时,运动员各占半个场区,发球一方先在底线中点的右区发球,球必须发到对方另一侧的发球区才有效。每一方有两次发球机会,第一次发球出界或下网为一次失误,第二次发球失误为"双误"失一分。第二分换在左区发球,第三分在回到右区,如此轮换,直到本局结束。下一局该由对方发球。球发出后,双方挥拍来回击球,可在空中还击,也可落地一次后还击。

比赛赏析

视频6-12　网球比赛视频

复习思考题

1. 网球运动的基本技术有哪些?
2. 网球运动的基本战术有哪些?
3. 网球运动的竞赛规则有哪些?

第七章

健美操运动

第一节　健美操运动概述

健美操运动是把体操和舞蹈中的简单而有特色的动作，根据练习者的身体特点，严格地按照发展身体各部位的要求组编成操，在音乐伴奏下进行练习，以达到增进健康、培养正确的体态、塑造美的形体、陶冶美的情操的一种锻炼手段。

健美操运动可分为健身性健美操和竞技健美操两大类。

一、健美操运动的起源

健美操作为一种体育项目，一方面具有其历史的延续性，是从不同的源流产生、发展和演变而成，另一方面是随着社会科学技术的飞速发展，人类物质文化生活水平的不断提高和改善，以及为了抵御现代人的健康危机等而采用的各种锻炼身体的方法之一，以达到增进健康、塑造形体、实现健美的目的。由于健美操简单易学，不受场地、气候、年龄的限制，倍受人们青睐，特别是 20 世纪 80 年代以来，健美操以它强大的生命力，正在全世界广泛开展起来。

随着世界性的健美操热传入我国，从 1979 年开始，北京、上海、广州等地相继举办了各种健美操训练班，我国健美操不仅接受了欧美健美操的模式，而且把中国古老文化中的气功、武术、民间舞蹈等形式与欧美健美操结合在一起，创造出了具有中国特色的徒手和持轻器械健美操。为了推动健美操运动的开展，1986 年 4 月在广州举行了女子健美操邀请赛，1987 年 4 月北京举办了首届“长城杯”健美操友好邀请赛。从此每年一届至今。1988 年又举行了全国老年人迪斯科操的电视大奖赛及现场决赛。1989 年举行了全国儿童韵律操比赛。1991 年 10 月在北京石景山体育馆举行了第一届全国大学生健美操比赛，之后每年举行一届,并于1996年首次成为第五届全国大学生运动会的比赛项目。

二、健美操运动的特点

(1)明确的目的性。健美操是以健身为基础,把形体美、姿态美、动作美、精神美有机地结合起来,既注重形体、姿态、外在美的训练,又注重美的欣赏力、美的情操等内在美的培养。无论是单个动作还是成套的健美操都有明确促进人体健美锻炼的目的性。

(2)动作的多变性和协调性。健美操不仅保留了徒手体操中的各种类型的基本动作,而且从各种不同风格的舞蹈中吸收了许多动作,经过加工提炼使之成为健美操的特有动作,尤其是大量地增加了腰、膝、髋部动作,使健美操增添了新的活力,丰富了健美操的动作内容。由于健美操的单个动作多,瞬间造型多,动作的节奏变化多,使成套动作丰富而多变。在成套健美操运动中,不仅有对称性动作,而且还有非对称性的和依次完成的动作,这些动作可有效地提高身体的协调性。

(3)鲜明的节奏感和韵律感。健美操动作的节奏表现在动作力度的强弱和速度的快慢上。合理地支配肌肉紧张与放松,是体现动作节奏性的关键。音乐是健美操的灵魂,音乐中音的高低、长短、强弱、快慢等有节奏的变化,使健美操更富有韵律感。

(4)广泛的群众性和较强的针对性。健美操的运动量可大可小,动作可易可难,时间可长可短,不受场地、器材、年龄等条件的限制,既可健身又可自娱,深受广大群众的喜爱。健美操不仅可以针对全身或身体某一部位进行有目的练习,而且还可根据不同年龄、性别、能力进行有针对性的创编以满足各种不同的需要。

三、健美操运动的分类

健美操是体育中的一个综合性的边缘学科。随着健美操运动的不断发展,出现了种类繁多的类型。为了便于区分和运用,有必要对这些健美操进行合理的分类。目前常用的健美操分类依据主要包括目的、性别、年龄、练习方式、人体解剖结构、参加人数等。参照这些依据,本文对健美操采用如下分类:

(1)依据目的,分为健身性健美操和竞技性健美操。

(2)依据性别,分为女子健美操和男子健美操。

(3)依据年龄,分为老年健美操、中年健美操、青年健美操、幼儿健美操。

(4)依据练习方式,分为徒手健美操和持轻器械或专门器械的健美操,例如

健美球操。

(5)依据人体解剖结构,分为颈部健美操、腹部健美操、腿部健美操等。

(6)依据参加人数,分为个人健美操和集体健美操。

四、健美操运动的价值

(1)增强运动系统的功能。长期进行健美操锻炼有益于肌肉、骨骼、关节的匀称协调发展,有利于形成正确的体态和健美的形体。

(2)促进内脏器官功能的提高。长期坚持健美操锻炼,可以使心肌纤维增粗,心肌收缩率增强,心血输出量增多,提高供血能力,通过循环系统向全身细胞提供更多的氧和养料,改善新陈代谢,减少脂肪堆积,延缓血管硬化。坚持健美操锻炼可使肺通气量成倍增长,肺泡的张开率提高,使机体具有较强的有氧代谢能力。由于健美操的髋部全方位活动较多,不但腰腹肌和骨盆肌得到了锻炼,而且加强了肠胃蠕动,增强了消化系统的功能,有助于营养的吸收和利用。

(3)塑造健美形体,培养端庄体态。健美操是动态的健美锻炼,动作频率较快,跳跃动作较多,讲究力度,运动负荷较大,因而消耗身体能量较多,利于消除体内多余的脂肪,在减少多余脂肪的同时,发展某些部位的肌肉,使人的体形按健美的标准得以塑造。

(4)焕发精神,陶冶情操。健美操是在音乐伴奏下进行的身体练习,音乐给健美操带来了生机,使健美操动作充满了活力。人们在欢乐的气氛中进行锻炼,心情愉快,不易疲劳还可排除精神紧张。在这种使人的心灵和情操得到陶冶和净化,使身体得到全面协调发展的健康娱乐的消遣活动中,人的精神面貌和气质修养都会得到很大的改善和提高。

五、创编健美操的基本原则

要创建一套理想的健美操,使之符合健美锻炼和比赛要求,就必须掌握创编健美操的基本原则和程序。创编整套健美操的基本原则如下所述。

(一)明确的目的性

健美操总的目的是增进健康、培养正确的体态、塑造美的形体、陶冶美的情操。但由于从事健美操锻炼的对象男女老少都有,其身体状况、兴趣爱好、锻炼条件、锻炼目的各不相同。例如有些人做操侧重于形体训练,有些人是为了增强身体素质或实现身体某部位的健美,因而具体到某一套健美操,其具体任务也会有所不同。所以,在创编任何一套健美操时,都应进行认真的调查研究,针对不同对象的不同生理和心理特点以及客观可能具备的条件,提出明确的具体任务。

(二)鲜明的针对性

根据不同年龄、性别、职业、能力、爱好、身体情况,以及发展或改善身体某部分的需要,编制各种形式的健美操,旨在解决练习者所要达到的目的,具有很强的针对性。创编任何一套健美操时都要进行认真的调查研究,针对不同对象的不同生理和心理的特点以及时间、场地、器材条件,提出的任务应与练习对象的要求相一致。

(三)全面发展身体

全面发展身体是指全面发展身体各个部位和各个器官系统的机能,以实现健美操的总目的。人体美的最本质表现就是健康,健康是人体美的基础。因此,在创编健美操时,必须坚持全面发展身体的原则。

坚持全面发展身体原则,首先应根据人体解剖学的特征,选编能够锻炼身体各部位的动作。其次,根据做操对象的具体情况和要求,选编诸如有利于增强肌肉力量,关节灵活性,身体韧性等不同方向、幅度、频率、速度、节奏的动作。动作的方向不同,所影响的肌肉群不同;动作的幅度不同,所需要的运动量不同;动作的频率和速度不同,则直接影响肌肉的负担量。恰当运用动作的诸要素,有利于全面发展身体。最后,为使内脏各个器官系统得到充分的锻炼,应选编一些能加深呼吸、增强心血管机能的跳跃动作。为了检查整套健美操对身体各部分的实际锻炼效果,可以通过对全套动作中身体各关节锻炼次数的统计来进行分析,并根据分析情况及时进行调整和删补。

(四)合理的动作设计、动作顺序和运动量

健美操的动作设计,应从整套健美操的具体任务出发,紧紧围绕总体构思,精心设计,避免东拼西凑。同时,应力求动作简单易学,讲求实效,使其符合人体艺术造型的规律和人体生理特征,不应一味追求形式的美。

健美操的动作顺序与健美操的结构是相适应的。可依次分为准备动作、主体动作(基本动作)和结束动作。准备动作中应包括脊柱伸展、呼吸等练习。主体动作中一般采用从头颈、上肢、肩、胸、躯干、髋到下肢的练习,最后过渡到多关节多部位的全身运动和跳跃运动。结束动作中应有意安排幅度大、速度慢的放松动作。

健美操的运动量安排应符合人体运动的生理曲线要求,使心率的变化由低到高,出现最高峰后,再逐渐恢复到平静状态。健美操的成套动作是若干节构成的,每节动作侧重于锻炼身体的某一部位。由于每节动作的幅度、速度、强度各不相同,其运动量也不相同。因此,应通过心率变化的测定来确定各节之间的连

接顺序,使整套动作符合上述生理曲线的要求。

(五)动作与音乐的统一性

音乐与健美操有着十分密切的联系。音乐不仅能够培养练习者的节奏感和动作的协调性,而且也是激发练习者情绪,启发和帮助练习者更有效地进行训练的一种手段。

健美操的配乐方法一般有三种:一是先编动作,后选乐曲;二是先选乐曲,后编动作;三是先编动作,后创编乐曲。这三种方法须根据具体情况和条件来选择,总的目的都是使动作和音乐配合默契、和谐,显示出独特的风格。

健美操的创编步骤可以概括为:

(1)明确编操对象及编操目的。

(2)调查做操人的具体情况和拟定编操方案。调查内容应包括做操人的年龄、性别、身体状况、场地器材条件等。编操方案应包括操的名称、任务、特点、形式,动作的难易程度,节数及顺序、运动量的大小,对身体各部位的影响,对动作的数量和重复次数适当的调整。

(六)动作设计的创造性

健美操动作内容极其丰富多彩,动作素材来源于生活,从社会实践中获得的动作,通过精心的加工创造出多种多样的、新颖的、优美的、符合时代特点的动作。健美操动作要不断创新,才能保持其旺盛的生命力,动作的设计要力求新颖、独特。

设计动作时,要根据健美操的特点,将体操及舞蹈动作结合起来再创造,所设计的动作必须突出"操"的特点,现代健美操的每节动作多是以组合的形式出现,同时突出某个主要部位的活动。另外,可将一些动作素材通过改变开始姿势、动作方向、幅度、速度、节奏、路线等方法以及结合具体对象,创造出结构合理、实效性强的新颖、优美的动作。成套动作中动作之间的衔接上也要有创造性,衔接要巧妙,给人以流畅、新颖的感觉。

(七)记写成套动作

编操之后,需把每节操的图解和文字说明写下来,记写的内容和顺序如下:

(1)写出每节动作的名称和动作的重复次数,如第一节伸展运动(2个8拍)。

(2)绘制动作简图。简图包括预备姿势,每拍动作的主要姿态、动作路线和结束姿势。

(3)记写每节操的要求和做法,写出每拍动作的说明,力求简明扼要,术语正确。首先写明预备姿势,其次写明每拍动作的做法和结束姿势。记写动作时,一般是先下肢后上肢,先左边后右边,并明确指出动作的方向、路线和做法等。

(八)实验和修改

可以选择具有代表性的对象进行实验,收集对动作、音乐、运动负荷等方面的意见进行修改。

六、健美操大众锻炼标准1~4级

(1)一级测试套路。一级是健美操大众锻炼标准的入门套路,一级成套动作始终保持低强度的有氧练习,并进行最简单的腹肌、背肌力量和身体核心部位稳固性练习。每一个组合均由3~5个最常见的健美操基本步伐组成,并配合以简单的、对称性上肢动作。

(2)二级测试套路。二级为健美操大众锻炼标准的初级套路。二级的练习目的是进行中低强度的有氧练习,简单的腰腹和身体核心部位稳固性练习。每一个组合均有4~5个基本步伐组成,并出现了45°~90°的方向变化,路线以简单的前后和左右动作为主。大部分的手臂的动作为对称性的,个别动作出现了依次的手臂动作。

(3)三级测试套路。三级仍为健美操大众锻炼标准的初级套路。练习目的是进行中等强度的有氧练习和低难度的腰腹及上肢力量练习。每一个组合均有4~5个基本步伐组成,所有的动作和变化都是有氧操练习中的常见动作和典型动作。配合以对称性为主的上肢动作,并增加了90°~180°方向变化和简单的图形变化。

(4)四级测试套路。四级为健美操大众锻炼标准的中级套路,采用中高强度的有氧练习。在三级的基础上复合动作更多,一个32拍的组合中有5~7个动作组成。音乐速度更快、高冲击力动作增多,使运动强度增加,但仍是高低冲击力动作相间。手臂动作变化增多,增加了180°转体动作以及图形变化,提高了动作的流动性和成套的难度。设计有胸部、三头肌和腹部的力量练习。

第二节　健美操运动的基本动作

健美操的学习是一个由易到难、由简到繁不断发展变化的过程,应将基本动作作为基础内容安排在教学中。通过基本动作的练习可以掌握正确的动作技术,训练身体各部位的肌肉运动感觉。基本动作练习是按人体生理解剖结构分部位进行的,掌握好基本动作就可以更快地掌握复杂动作和成套动作,为跳好健美操打下良好的基础。

一、头、肩练习

(一)头颈动作

头颈动作由屈、转、平移、绕及绕环动作组成。

(1)屈包括前屈、后屈、左屈和右屈(图7－1)。

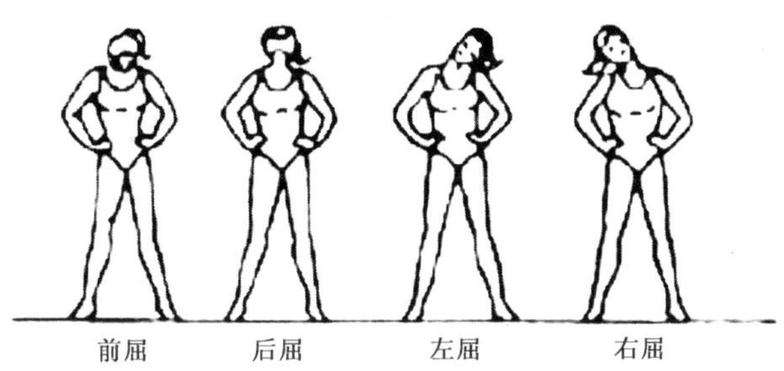

图7－1　屈示意

(2)转包括向左转和向右转(图7－2)。

(3)平移包括向前、后、侧的平移。

(4)绕是指头以颈为轴心的向左或向右做的弧形运动。

(5)绕环是指头以颈为轴心向左或向右做圆形运动(图7－3)。

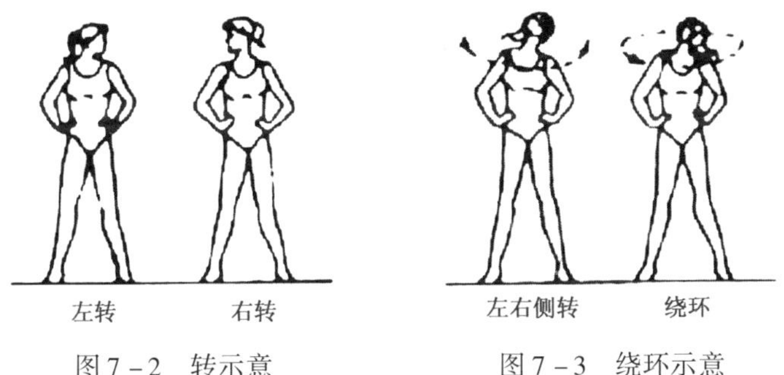

图7－2　转示意　　图7－3　绕环示意

(二)肩部动作

肩部动作由提肩、沉肩、收肩、展肩、绕肩、肩绕环和振肩组成。

(1)提肩、沉肩。它包括双肩依次上提、下沉和同时上提下沉两种动作(图7－4)。

(2)沉肩、展肩。两肩同时向内收,稍含胸,为收肩;两肩同时向外展,挺胸,为展肩。

(3)绕肩、肩绕环。单肩或双肩以肩关节为轴向前或向后做小于360°的弧形动作为绕肩;单肩或双肩以肩关节为轴向前或向后做360°以上的圆形动作为肩绕环(图7-5)。

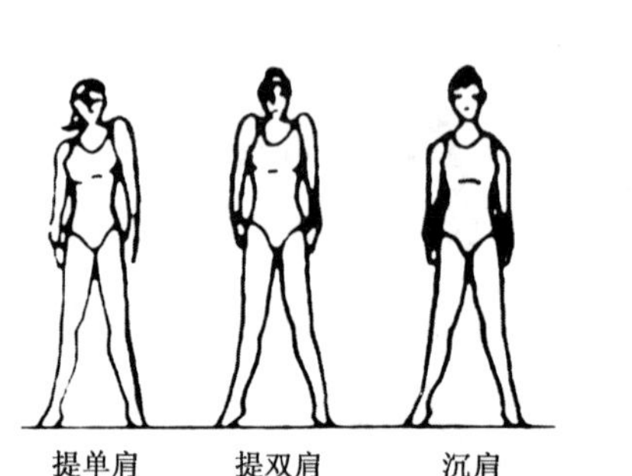

图7-4 提肩、沉肩示意

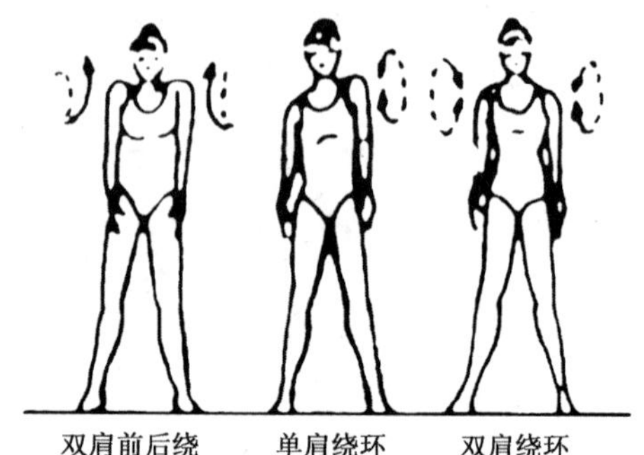

图7-5 绕肩、肩绕环示意

(4)振肩。两肩做内收到外展的弹性动作为振肩。

二、上肢练习

(一)手型

健美操手型主要有掌和拳两种,掌又分为分掌和合掌(图7-6)。

(1)分掌。五指用力分开,手腕保持一定的紧张程度。

(2)合掌。五指并拢伸直。

(3)拳。五指弯曲紧握,大拇指压在食指弯曲处。

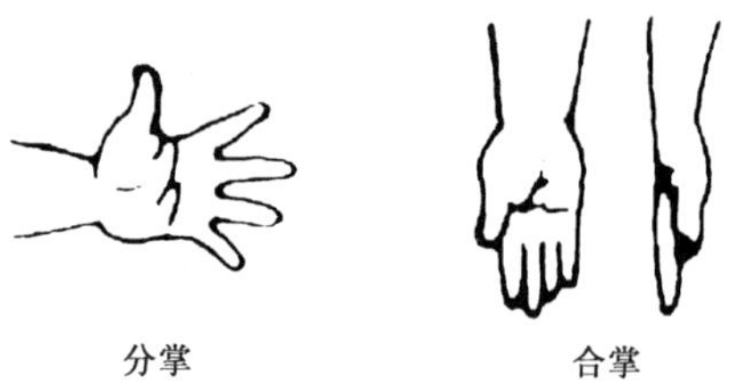

图7-6 掌示意

(二)臂的动作

臂的动作由举、屈、伸、摆、绕、绕环、振、旋等动作组成。

(1)举:指以肩为轴,臂的活动范围不超过180°而停止在某一部位的动作,包括单臂和双臂的前、后、侧、侧上、侧下举等(图7-7)。

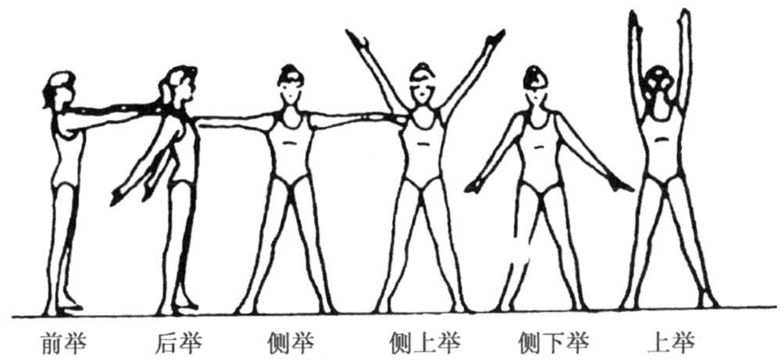

图7-7 举示意

(2)屈:指肘关节产生一定的弯曲角度,包括胸前屈、胸前平屈、肩侧屈、肩上侧屈、肩下侧屈、肩上前屈、腰间屈、头后屈(图7-8)。

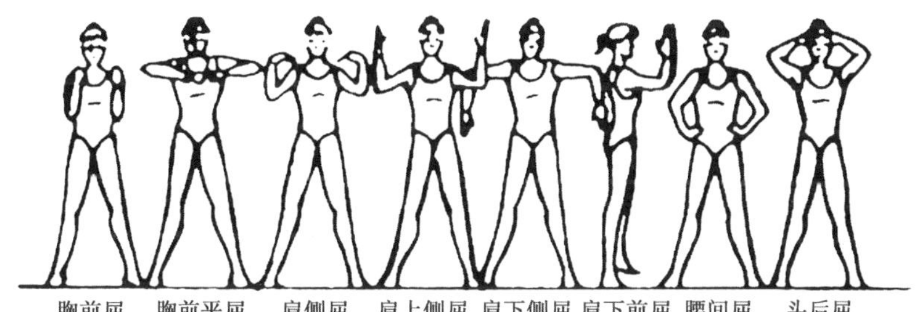

图7-8 屈示意

(3)绕:指双肩或单肩向内、外、前、后做180°以上、360°以下弧形运动(图7-9)。

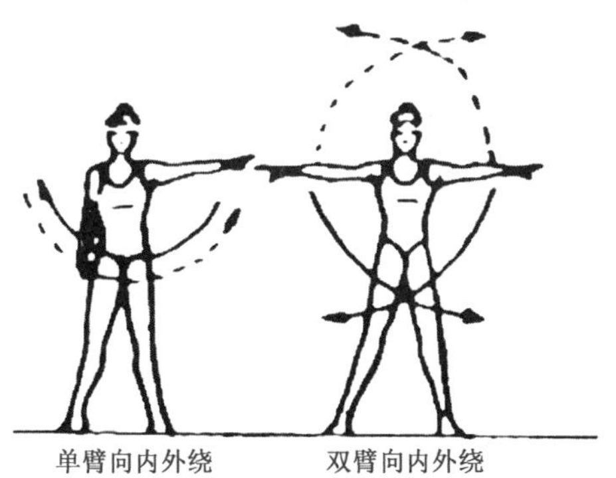

图7-9 绕示意

(4)绕环:指以关节为轴,双臂或单臂向前、向后、向内的绕环(图7-10)。

图7-10　绕环示意

(5)振:指以肩为轴,臂用力摆至最大幅度,包括上举后振、下举后振、侧举后振。

(6)旋:以肩或肘为轴做臂的旋内或旋外动作。

三、下肢练习

下肢练习由弹腿、踢、蹲、屈伸、内旋和外旋动作组成。

(1)弹腿:指弹踢腿屈膝抬起(大小腿成90°)向各方向做弹伸的动作,包括向前、侧、后弹腿(图7-11)。

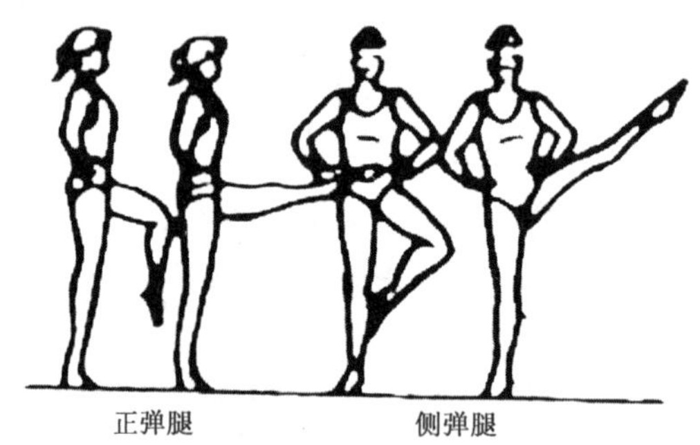

图7-11　弹腿示意

(2)踢:指直腿向各方向做由下至上的加速摆动动作,包括前踢、侧踢、后踢(图7-12)。

(3)蹲:全蹲时大小腿折叠,半蹲时大小腿之间有一定夹角(图7-13)。

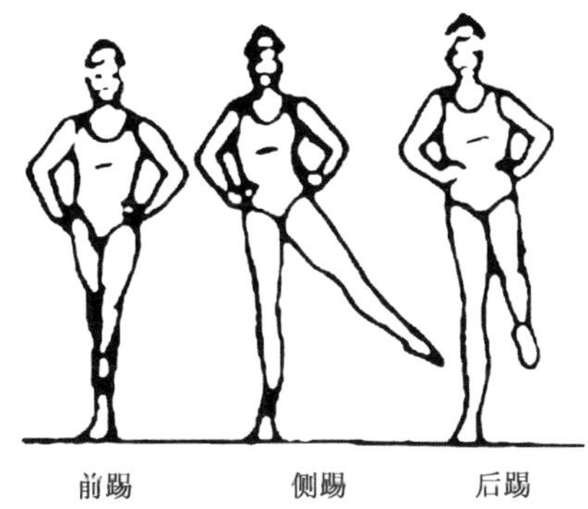

图 7－12　踢示意

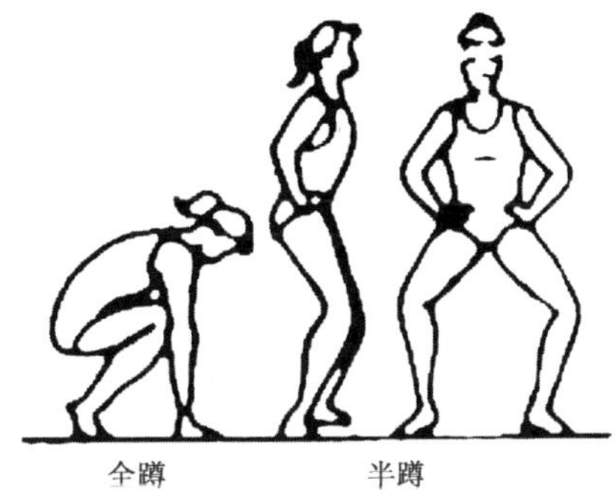

图 7－13　蹲示意

(4)屈、伸:指膝关节由直至屈再由屈伸直的动作,包括两腿同时或依次的原地和移动屈、伸(图 7－14)。

(5)内旋和外旋:指以髋和膝为轴做腿的向内和向外的旋转动作,包括两腿同时或依次内旋和外旋(图 7－15)。

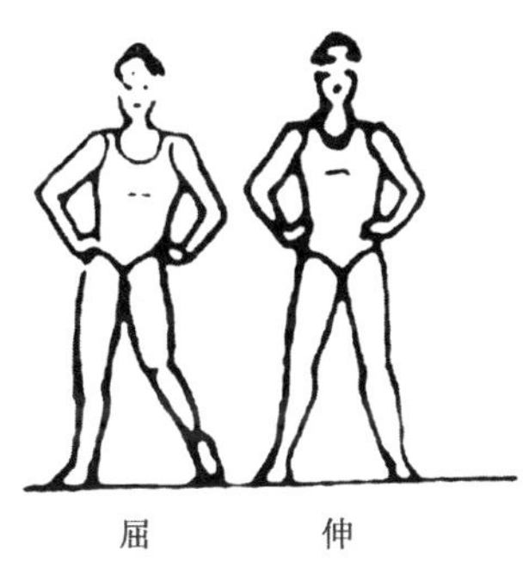

图 7－14　屈、伸示意

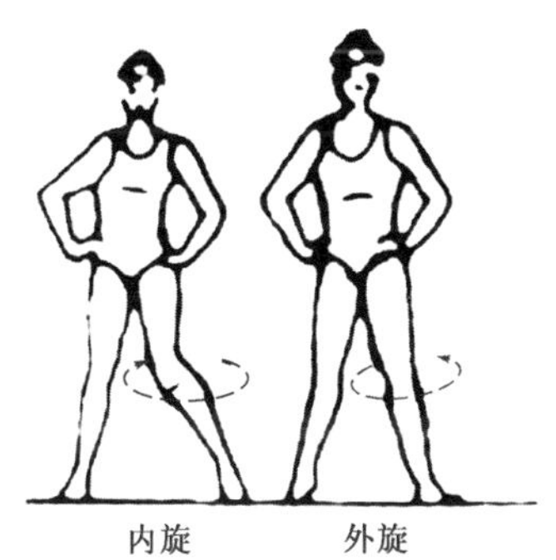

图 7－15　内旋和外旋示意

四、自编自练

作为有一定健美操训练基础的大学生,在掌握了成套健美操的创编原理之后,完全有能力根据自己的爱好进行健美操的自编自练,通过自编自练可进一步提高学生对健美操的兴趣,培养学生理论与实践相结合的能力,增强学生的自信心和表现力,激发学生锻炼的热情。

(一)基本结构

成套健美操的基本结构可分为三个部分:第一部分为准备部分,一般是先从远离心脏的部位开始,如踏步,进行脊柱的伸展加深呼吸或从头颈活动开始,再进入主体部位的活动,要求动作柔和,速度缓慢,为完成成套动作做好身体和精神上的准备;第二部分为基本部分,一般先从头颈和上肢动作开始,再进行肩、胸、腰、髋、下肢和多关节部位的全身运动与跳跃运动;第三部分为结束部分,一般应选择一些幅度不大、速度缓慢、轻松自如、放松四肢和躯干的动作,使身体和脉搏尽快恢复到正常状态。

(二)表演技巧

举行健美操比赛和表演是推动健美操运动开展的重要手段。丰富多彩、新颖、独特的动作和各种不同的队形变化是健美操表演的两个基本要点。在表演时,动作连贯、组合巧妙、高低、快慢、刚柔、难易等相衬托,才能使每个动作达到最佳效果。队形的变化和动作的安排要紧凑、合理,变化应有突然感和新鲜感。动作之间,队形之间的连接和过渡应自然而迅速。如果男女混合参加表演或比赛,应注意男性与女性的特点,并分别给予表现机会。

第三节　健美操运动的主要规则

一、总则简介

中国大学生健美操竞赛分普通高校组(甲组)和体育院系组(乙组)。

竞技健美操比赛只进行自编动作比赛,自编动作必须符合规则要求。

竞技健美操比赛共设五个项目:男子单人、女子单人、混合双人、三人(男三、女三、混合三人)、混合六人(男三女三、男四女二、男二女四)。

竞技健美操成套动作时间:单人、双人、三人项目均为110~130s,六人项目为150~180s。

二、竞赛场地

单人、混合双人竞赛是在面积为6m×6m的地板或地毯上进行,用5cm宽的白色带做边线(该带宽计算在6m×6m内),三人、六人竞赛是在面积为12m×12m的地板或地毯上进行,用5cm宽的白色带做边线(该带宽计算在12m×12m内)。竞赛场地周围2~3m之内不得有障碍物。场地照明可采用彩色灯光,但不得有阴影。

三、成套动作的评分因素及总分

成套动作的评分因素包括特定动作、动作的选择与设计、音乐选配、组织编

排、完成情况、总印象。成套动作的组织编排为 10 分,完成情况为 10 分。每套动作总分为 20 分。比赛采用公开示分法。

四、竞赛服装

男运动员为背心、短裤或紧身裤;女运动员为背心、健美服或泳装、紧身裤,不得穿比基尼装。男、女运动员均穿旅游式运动鞋,可以加护腿护腕。

比赛赏析

视频7-1　健美操比赛视频

复习思考题

1. 健美操运动的基本动作有哪些?
2. 健美操运动的作用有哪些?
3. 健美操运动的特点是什么?
4. 编排健美操运动的原则有哪些?

第八章

体育舞蹈

第一节　体育舞蹈概述

体育舞蹈即国际竞技性舞蹈，是由属于娱乐范畴的舞厅舞发展起来的竞技项目，它包括摩登舞和拉丁舞两个竞赛舞种，是融舞蹈美、音乐美、服装美、体态风度美于一体的，具有自娱和表演观赏性的竞技舞蹈。学跳体育舞蹈可以陶冶情操、增进友谊、锻炼身体、丰富生活。

一、体育舞蹈的起源和发展

体育舞蹈又称"国际标准交谊舞"，原名称作"社交舞"，英文为"ballroom dancing"，为欧洲贵族在宫廷举行的交谊舞会，法国革命后，ballroom dancing 流传民间至今。第二次世界大战后，美国人将该舞蹈散播到全球各地，并形成一股跳舞热潮，至今不衰。

经历一百多年的发展，"社交舞"从"社交"发展为"竞技"，将单一的舞种发展为摩登舞、拉丁舞两大系列的十个舞种，并在 1904 年成立了"英国皇家舞蹈教师协会"。这个组织将当时欧美流行的舞姿、舞步、方向等整理成统一标准，制定了有关舞蹈理论、技巧、音乐、服装等竞技的标准，公布为"国际标准交谊舞舞厅舞"，为世界各国所遵循，英国的黑池甚至成了"国际标准舞"的圣地。目前，世界各国将国际标准舞易名为"体育舞蹈"，欲将舞蹈运动纳入体育运动项目。拥有 74 个会员国的"国际舞蹈运动总会"（International Dance Sport Federation）于 1997 年 9 月 4 日正式成为国际奥林匹克委员会会员，2000 年成为悉尼奥运会表演项目，2008 年成为正式比赛项目。

二、体育舞蹈的特点

体育舞蹈是在音乐声中的运动,它不仅可以培养学生的音乐素养,还可以锻炼学生的智力和体力。体育舞蹈的音乐不同于一般的流行音乐,是音乐家们专门为体育舞蹈量身定做的舞蹈音乐,学习这种舞蹈必须先学会对体育舞蹈音乐的理解,用身体的动作来表现音乐,展现和发挥音乐。它又是一种运动,跳体育舞蹈必须要有一定的体力才能完成规定的动作和舞程。曾有人做过这样的统计:一名体育舞蹈选手跳完一曲快步舞或是桑巴舞所完成的体力相当于一名跑400m田径运动员的体力。所以,在规定参加比赛项目时,就是根据一个体育舞蹈选手的体力来划分组别,你是跳两个舞还是五个舞,或者是全能选手(跳满十个舞种)。体育舞蹈不仅仅在艺术上培养学生,要学会体育舞蹈,还必须有聪明的头脑、灵活的身体,以及大脑和身体的协调性。经过体育舞蹈的培训,男孩子将会更加有阳刚之气,女孩子更显得妩媚动人。又由于它是两人配合的舞蹈,还能在学舞、练舞、比赛和表演等各种活动中潜移默化地培养孩子自强自立、独立思考、互助友爱和集体观念的团队精神。因此,体育舞蹈在同时开发学生的智力、体力、人际交流和社会适应性诸方面有着不可替代的作用。体育舞蹈有别于其他艺术舞蹈,它也有严格的规范教程、规定的基本动作和技术规范。教师上课必须严格按英国皇家舞蹈教师协会和中国体育舞蹈运动协会规定的教材施教。因此,体育舞蹈是在音乐声中的地板运动,在运动中体验乐趣,在习舞中培养情操,它越来越受广大青少年、儿童和家长们的喜爱。

三、体育舞蹈的分类

体育舞蹈按舞蹈风格和技术结构,分为现代舞(摩登舞)和拉丁舞两大类。

(1)现代舞起源于欧洲,为男女舞伴交手跳,并按逆时针方向行进,具有端庄、含蓄、稳重、典雅的风格和绅士风度。舞步流畅,轻盈洒脱;舞姿优美,起伏有序;音乐节奏清晰,舞蹈富于技巧性,是老少皆宜的舞系。特点是由贴身握抱的姿势开始,沿着舞程线逆时针方向绕场行进。步法规范严谨,上体和胯部保持相对稳定挺拔,完成各种前进、后退、横向、旋转、造型等舞步动作。曲调大多抒情优美,旋律感强。服饰雍容华贵,一般男着燕尾服,女着过膝蓬松长裙。现代舞包括华尔兹、探戈、狐步舞、快步舞、维也纳华尔兹五种舞。

(2)拉丁舞起源于非洲和拉丁美洲。舞蹈时,男女时交时分,若即若离。风格生动活泼,热情奔放。曲调缠绵浪漫,活泼热烈,节奏感强。舞蹈的动作豪放粗犷,速度多变,手势和舞步内容丰富,充满激情,舞姿妩媚潇洒,婀娜多姿,音乐节奏鲜明强烈,尤为中青年人所喜爱。拉丁舞包括桑巴、伦巴、恰恰恰、斗牛舞、牛仔舞五种。着装浪漫洒脱,男着上短下长的紧身或宽松装,女着紧身短裙,显露女性曲线的美。

按竞赛项目体育舞蹈分为三类:现代舞、拉丁舞和团体舞。团体舞是现代舞或拉丁舞的混合舞,由8对选手组成,借助音乐引导,将五种舞在变幻的队形中,编织出丰富多彩的图案,使音乐、舞姿、队形、图案和谐融为一体,使体育舞蹈风格特点得到更为鲜明的表现。

四、体育舞蹈的基本知识

(一)体育舞蹈的基本术语

1. 舞程线

在同一舞池中,为避免相互碰撞,秩序混乱,而规定必须按逆时针方向行进,这个行进路线就叫舞程线。舞程线中长的两条称为A线,短的两条称为B线,如图8-1所示。

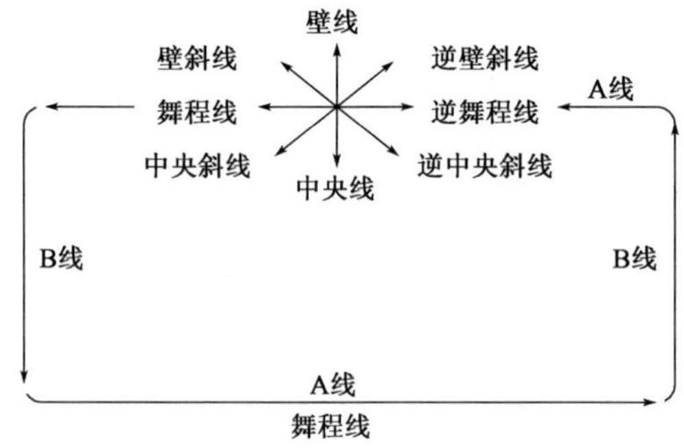

图8-1 舞程线

2. 角度

体育舞蹈对一个组合或套路中每一舞步在开始和结束所站立的方位以及运动的方向和旋转的角度都有严格的要求。拿旋转来说,在方向上分为左转和右转,在角度上由小到大分为45°、90°、135°、180°、225°、270°、315°、360°。

3. 舞姿

(1)合对位舞姿(闭式舞姿):“合”指男女舞伴交手握抱;“对”指男女舞伴面对面。泛指男女舞伴面对面双手扶握的身体姿势。

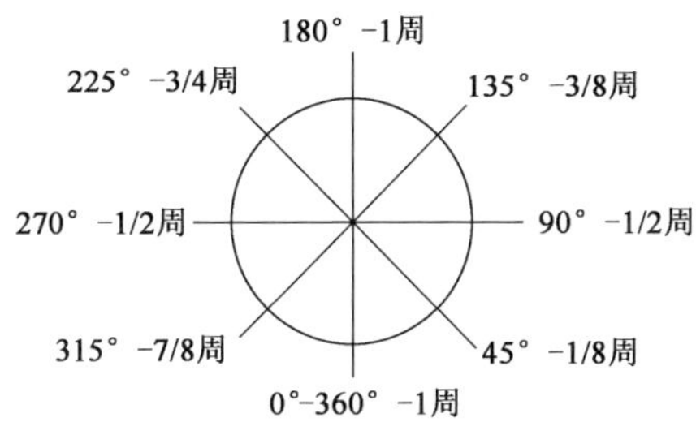

图 8-2　角度

(2)侧行位舞姿(散式舞姿,简称 P. P):指男伴的右侧与女伴的左侧身体紧密贴靠,身体的另一侧略向外展开成"V"形站立或行进的身体位置。

(3)外侧位舞姿(简称 O. P):指摩登舞中,男女舞伴的一方向另一方的右外侧或左外侧前进所形成的身体位置。

(4)并肩位舞姿:男女舞伴面向同一方向重叠而立,形影相随的身体位置,以女伴居前较常见。

4. 四大技巧

四大技巧在体育舞蹈的华尔兹中得到全面和充分的体现。其他现代舞也有这些技巧的运用,只是不如华尔兹那样全面和充分。

(1)反身动作。左脚前进时,右肩和右胯前送;右脚前进时,左肩和左胯前送;左脚后退时,右肩和右胯后让;右脚后退时,左肩和左胯后让;使身体与舞步形成反向配合。

(2)升降动作。各种舞步身体都有上升或下降的变化,只是升降程度和要求不一,一般说,起步身体必稍降,并步身体必稍升,起步时屈膝,并步后提踵,则有明显的升降变化。

(3)摆荡动作。摆荡动作是指舞者身体在前进和后退时好像荡秋千一样的摆荡,起步前进时,如秋千前荡有自下而上地荡起来的感觉;移步后退时,如同秋千后摆有自上而下地荡回来的感觉。

(4)倾斜动作。倾斜动作是指舞者在左右横步和左转右转第一步中的身体左右倾斜。从形体上讲,是指肩的平衡线向左向右的倾斜,它与地面的水平面成三角斜线。

5. 常用符号

(1)S(slow):表示慢节奏,一般两拍跳一步。

(2)Q(quick):表示快节奏,一般一拍跳一步。

(3)&(and):为前面所示拍子的一半,如 S&S 即为 ×. ×|××|。

(4)——→:表示舞步的运动方向和所经过的路线。

6. 术语的解释

(1)直步、横步、斜步:前进或后退向正直的舞步叫直步;向左或向右横移的舞步叫横步;斜向直线运动的舞步叫斜步。

(2)小步、中步、大步:步幅约一鞋之长的舞步叫小步;两倍鞋长的舞步叫中步;三倍鞋长的舞步叫大步。

(3)实步、虚步、虚点:重心所在的舞步叫实步;非重心所在的舞步叫虚步;用脚掌或脚尖虚点地面叫虚点。

(4)并步:一脚向另一脚并拢的舞步叫并步,左并、右并、前并、后并、虚并由此派生。

(5)锁步、插步、刷步:两脚交叉而立的舞步叫锁步;一脚插到对方两脚之间的舞步叫插步;一脚经由另一脚内侧而移动的舞步叫刷步(好像将其鞋边刷了一下)。

(6)套路、组合:按照一定的舞程线编排在一起,供竞赛或表演用的成套舞步叫套路;不按竞赛规定路线编排,运动范围较小,但供练习或表演用的并适宜自娱的一组舞步叫组合。

第二节　体育舞蹈的基本技术

一、华尔兹、狐步舞、快步舞、维也纳华尔兹的舞姿、握抱和体位

(一)闭式舞姿

1. 男子握姿

(1)直立,两脚并拢,挺胸立腰,收腹微提臀,两膝自然放松。左手与女伴右手掌心相握,虎口向上,前臂与大臂的夹角为135°左右,高度与女伴右耳峰水平相平。右手五指并拢,轻轻置于女伴左肩胛骨下端,前臂与大臂夹角为75°左右。

(2)头部自然挺直,目光从女伴右肩方向看出。

(3)右腹部1/2微贴女伴(服装与服装之间的接触)。

2. 女子握姿

(1)直立,两脚并拢,挺胸立腰,收腹微提臀,两膝自然放松。紧腰向后上方打开胸腰。

(2)右手与男伴左手掌心相握,轻轻挂在男伴左手虎口上。

(3)左手与男伴右肩袖处轻轻搁置,用虎口轻轻掐住男伴三角肌。

(4)头部略微向左斜,目光从男伴右肩方向看出。

(5)右腹部1/2微贴男伴(服装与服装之间的接触)。

(二)散式舞姿

在闭式舞姿的基础上,男伴将头及上身略向左打开,女伴将头及上身略向右打开,男女伴的头向同一方向看出,腰髋部接触同闭式舞姿,如帚型步的第三步。

二、探戈舞的舞姿、握抱和体位

由于探戈舞风格要求独特,握抱姿势与上述四种摩登舞有所不同。

(一)闭式舞姿

(1)男伴左脚在前,右脚在后,两脚前后稍开半个脚,重心下沉,膝关节弯曲并松弛。左臂内收,与大臂夹角接近直角,右手斜下插(不超过脊柱)。

(2)女伴左手虎口抵卡住男伴的上臂外侧腋下。男伴与女伴右身1/3微贴,接触位是膝胯部到腹部。

(二)散式舞姿

在原闭式舞姿的基础上,男伴头部及上身向左拧转,胸部向外打开并带动女伴右拧。男女舞伴向同一个方向,从相握的手臂看出。男伴的重心在右脚,左脚拇指内缘点地,膝关节内合,包住女伴右膝;女伴重心在左脚,右腿屈膝内扣,右脚拇指内缘点地。

三、华尔兹舞的风格特点、音乐节奏、基本步伐

华尔兹舞(waltz)用W表示,也称“慢三步”,摩登舞项目之一。舞曲旋律优美抒情,节奏为3/4的中慢板,每分钟28~30小节,每小节三拍为一组舞步,每拍一步,第一拍为重拍,三步一起伏循环。通过膝、踝、足底、跟掌趾的动作,结合身体的升降、倾斜、摆荡,带动舞步移动,使舞步起伏连绵,舞姿华丽典雅,是维也纳华尔兹(快三步)的变化舞种。

19世纪中叶,维也纳华尔兹传到美国,当时美国崇尚舒缓、优美的舞蹈和音乐,于是将快节奏的维也纳华尔兹逐渐改变成悠扬而缓慢、有抒发性旋律的慢华尔兹舞曲,舞蹈也改变成连贯滑动的慢速步型,即今之华尔兹舞。速度虽慢,但是技艺难度较大,要先练好基本步,再学习各种变化步、花样步以及组合和套路。

华尔兹的基本舞步有:前进方步、后退方步、右转步、叉形步、侧行追步等。下肢练习由弹、踢、蹲、屈伸、内旋和外旋动作组成。

四、探戈舞的风格特点、音乐节奏、基本步伐

探戈舞(tango)用T表示,是摩登舞项目之一,2/4拍节奏,每分钟30~34小节,每小节二拍,第一拍为重拍。舞步有快步和慢步,快步(quick)占半拍,用Q表示;慢步(slow)占一拍,用S表示。基本节奏是慢、慢、快、快、慢(S、S、Q、Q、S)。舞曲节奏带有停顿并强调切分音;舞步顿挫有力,潇洒豪放;身体无起伏、无升降、无旋转;表情严肃,有左顾右盼的头部闪动动作。源于阿根廷民间,20世纪传入欧洲上层社会,后流行于世界各国。

基本舞步有常步、常步至侧行步、并步侧行步、摇转步等。

五、伦巴舞的风格特点、音乐节奏、基本步伐

伦巴舞(rumba)用R表示,是拉丁舞项目之一,节奏为4/4拍,每分钟27~29小节,每小节四拍。乐曲旋律的特点是强拍落在每小节的第四拍。舞步从第四拍起跳,由一个慢步和两个快步组成。四拍走三步,慢步占二拍(第4拍和下一小节的第一拍),快步各占一拍(第二拍和第三拍)。胯部摆动三次。胯部动作是由控制重心的一脚向另一脚移动而形成向两侧作"∞"形摆动,具有舒展优美、婀娜多姿、柔媚抒情的风格。其产生与西班牙和非洲的舞蹈有密切关系,后在古巴得到发展。

第三节　体育舞蹈的主要规则

体育舞蹈的比赛一般有全国性正式比赛,如锦标赛、公开赛等,还有区域性比赛,如邀请赛、友好赛等。全国性比赛设裁判员最少5~7名,区域性比赛可设裁判员3~5名,裁判人数必须为单数。裁判标准准则:

(1)基本技术。①足部动作:各种步法的方位、角度准确;脚和地面接触部位准确;脚步的时间值准确;②姿态:各个不同舞种的握持动作准确;运动过程中的姿态准确、漂亮;③平衡、稳定:舞伴之间力的使用得当,动作能保持平衡、稳定;在完成高难度动作时能保持身体平衡、稳定。

(2)对音乐的表现力。①对各种不同舞种的节奏要求清晰、表现准确;②对各种不同音乐的风格有很好的理解,并能很好地体现音乐的风格与情调;③脚步应踩在节拍上,身体应流动在旋律里,要求舞者能跳出音乐的境界。

(3)对体育舞蹈风格的体现。①能细致区别出各种不同舞种之间风格、韵味上的差别;②在表现出各舞种风格的同时,还能体现出舞者个人的风格。

(4)舞蹈的编排。①动作编排的流畅新颖,运用自如;②舞蹈的编排既体现舞种的基本风韵又含有一定的技术难度;③动作编排有章法,并符合音乐的风格及结构。

(5)临场表现。①比赛现场遇到意外情况有应变能力;②比赛时能保持良好的竞技状态,专注、自信并有控制,临场发挥好。

(6)舞者的形象。舞者的气质、风度、仪表、仪态、出场、退场的总体形象完美。

(7)参赛选手的服装。现代舞男选手必须穿燕尾服,女选手必须穿花裙。拉丁舞男女选手的服装必须协调,男选手不得着头饰。

比赛赏析

视频8-1　体育舞蹈比赛视频

复习思考题

1. 体育舞蹈是如何分类的,有哪些内容?
2. 体育舞蹈的特点是什么?
3. 体育舞蹈的四大技巧是什么?

第九章

跆拳道运动

第一节 跆拳道运动概述

跆拳道是现代奥运会正式比赛项目之一,是一种主要使用手及脚进行格斗或对抗的运动。

一、跆拳道运动的起源和发展

跆拳道运动起源于朝鲜半岛,早期是由朝鲜三国时代的跆跟、花郎道演化而来的,韩国民间流行的一项技击术。

1955 年以前,韩国是没有跆拳道一词的,韩国的武术也以空手道、唐手道和民间少数的跆跟等为主。日治时期,大量韩国青年学生赴日留学,在日本接受了系统的松涛馆空手道训练,回国后他们开始创立道馆教授学生。日本战败后,韩国获得民族独立,大批空手道、唐手道道馆兴起,韩国早期空手道传播者们将民族传统武术跆跟与空手道相结合,称为唐手道。并出现了最早的一批韩国道馆,这就是后来的九大道馆。

跆拳道一词,是 1955 年由韩国的崔泓熙将军命名。崔泓熙将军早年在留学日本时,学习了日本松涛馆流空手道,并将其与韩国传统武技跆跟、手搏等技术融入跆拳道中去。总之,现代的跆拳道是结合当代东亚武技之长的韩国发源武术运动之一。

跆拳道是经过东亚文化发展的一项韩国武术,以“始于礼,终于礼”的武道精神为基础。跆拳道的脚法占 70%,套路共有 24 套;另外还有兵器、擒拿、摔锁、对拆自卫术及 10 余种基本功夫等。

跆拳道于 1988 年奥运会时为示范项目;于 1992 年的巴塞罗那奥运会开始

为试验比赛项目；到2000年的悉尼奥运会成为正式比赛项目。

跆拳道在全世界的组织主要分为两个体系，分别为国际跆拳道联盟（ITF）和世界跆拳道联盟（WTF）。奥运会采用的是WTF体系。

二、跆拳道运动的特点

（1）腿法为主，拳脚并用。由于竞赛的需要、规则上的限制和跆拳道在进攻方法方面的特点，使得跆拳道技法主要是以腿法攻击为主、拳法攻击为辅。据统计，在跆拳道技术当中，腿法约占总技法体系的百分之七十。因此腿击无论在攻击范围、攻击力量等方面都远远超过拳法的攻击，而拳法的招式一般偏重于防守和格挡。

（2）强调呼吸，发声扬威。在跆拳道的练习当中要求在气势上给人以威严的感觉，练习者常以洪亮并带有威慑力的声音来显示自己的威力。据日本有关研究资料证明，人在无负荷工作时百分之十的肌肉会由于发声使他们的收缩速度提高百分之九，在有负荷工作时更是可以提高百分之十四。这就是为什么在比赛当中，运动员会发出响亮的喊叫声的原因。在发声的同时停止呼吸，可以使人体内部的阻力减小；提高动作速度，集中精力使动作发挥出更大的威力。

（3）动作追求速度，力量和效果，以击破为测试功力的手段。跆拳道不讲究花架子，所有动作都以技击格斗为核心；要求速度快、力量大、击打效果好，在功力的检测方面则以击破力为测试的手段，就是分别以拳脚击碎木板等，以击碎的厚度来判定功力。

（4）以刚制刚，方法简练。受跆拳道的精神影响，运动员在比赛当中多是直击直打；接触防守、躲闪技术运用得比较少，进攻都采用直线连续进攻，以连贯快速的脚法组合击打对手。防守多采用格挡技术或采取以攻对攻，以攻代防的技术。

（5）礼始礼终，内外兼修。在任何场合下，跆拳道练习者始终以礼相待。练习活动都要以礼开始，以礼结束，以养成谦虚、友好、忍让的作风，在道德修养方面不断地提高自己。

三、跆拳道运动的价值

（1）提高身体素质。跆拳道是以脚踢、摔撞加上拳头打击的一种武术，锻炼的过程中对体能的要求和消耗有要求，随意适度的练习跆拳道，可以提高身体的抵抗力，减少生病的概率，身体素质就在一天一天中得到提高。

（2）培养协调能力。跆拳道是腿法为主，拳脚并用，身体的重心要一直保持平衡。所以在练习跆拳道的过程中需要全身各部位的配合，通过手部、脚部的动作和谐达成动作协调性的训练,并且使自己更有灵活性。

(3)锻炼毅力、减压。学习跆拳道是一件很辛苦的事情,需要付出时间和汗水,有时候可能会有身体上的酸疼。当你想放弃的时候,要克制住自己这样的念头,要坚持的训练下去,在训练过程中可以培养自己不怕吃苦的精神,磨炼自己的意志。跆拳道的训练中有意向独特的喊声配合,更具减轻精神压力之功效。

(4)锻炼反应速度。跆拳道不讲究花架子,所有动作都以技击格斗为核心,要求速度快、力量大、击打效果好,所以这无形中也锻炼到反应能力。

(5)提高自信心和礼仪。跆拳道不仅是力量的对抗,身体素质的提高,更多的是在学习过程中懂得互相尊重,互相礼让。

(6)优化体形,使线条更优美。跆拳道特有的锻炼方式能大大增加人的身体柔韧性及灵巧度,且使双腿的线条更优美,加上挺胸、抬头、立腰等专门姿势的训练,对保持优美体态有与众不同的地方,所以它的塑身作用绝不亚于任何一种健美运动。

第二节　跆拳道运动的基本技术

一、格斗式(站姿)

(1)双脚自然地与肩同宽,前后站立,前脚掌向前微内扣,后脚掌向前内扣30°~60°。膝盖微曲,保持弹性和灵活。膝盖若太直,活动不灵活,且容易骨折。

(2)身体侧面对敌,向前成30°~45°。拳击、泰拳、空手道等较多的凶悍搏击多采用正面对敌,大有杀敌1000自损500之势,且便于用拳。而跆拳道是以腿法为主的灵活型竞技格斗,侧面对敌有利于闪躲和用腿。

(3)前手低后手高,呈防御状态。前手作为先锋手,后手作为重攻击手负责近身防御和有力反攻。也有的习惯于前手高后手低的风格。前手大小臂自然弯曲前伸,拳眼对低,前左右三个方向防御,拳的高度大约在脖颈或肩膀的位置。后手护住胸腹和下巴,拳的高度在下巴位置。双手之间配合防御,不要在胸腹处漏出大空当。

(4)站姿名称:右手右脚在后为右格斗式,左手左脚在后为左格斗式。在后的手脚为“主攻击手”或称“重攻击手”,因此当右手脚在后,则右手脚主攻击,称为右格斗式,反之为左格斗式。有个别教练简单地认为哪手在前就是哪手的格斗式,是错误的。区分标准不在于哪手在前或在后,而是要看哪手是主要攻击手,而在后的才是主要攻击手。

二、步伐

(1)前滑步和后滑步:前脚先动,向前小距离迈步,后脚迅速跟进,注意是有力而有弹性地跟进,而非被前脚拖进。后滑步反之。此步伐用于敌我的距离较近,要谨慎而迅速地接近或离开对手,属于较高程度地保持防御的前进或后撤步伐。

(2)前垫步和后垫步:和前滑步相反,后脚先动,向前有力而弹性地垫向前脚,同时前脚迅速向前小距离迈步,感觉就像后脚撞击前脚有弹性地前进。后垫步反之。此步伐用于迅速前进并直接用前脚攻击,属于前进和攻击一气呵成的腿法。当发现对手薄弱空当时,可迅速前进攻击。

(3)前进步和后退步:顾名思义,前进步属于大距离前进的步伐。前脚后拉半小步,后腿迅速越过前脚,交叉大跨步前进。前脚之所以后拉半步,是为了保持中心,否则后退交叉大跨步向前进时,容易使中心过于前冲,因此前脚在后拉瞬间,中心稍微后移,利于身体前后平衡。后退步反之。此步伐用于敌我双方距离过大,需要大距离地快速接近对手,但要注意,此步伐的防御和攻击程度较低,因此贴近对手后,应迅速换成前滑步防御前进或前垫步前进攻击。

(4)侧闪步:和前滑步类似,区别在于是向左右移动。向左移则左脚先动,右移则右脚先动。此步伐用于左右闪躲,可配合攻击。

三、腿法

(1)弹踢:最基本的腿法,正提膝,大小腿充分折叠,爆发弹踢,小腿像鞭子一样向上抽击目标。攻击部位为正脚背。

(2)前踢:和弹踢类似,区别是小腿攻击方向是向前,用脚背或前脚掌攻击(视频9-1)。值得一提的是,此腿法和前踹很像,但有很大区别,前踹运用了大腿的前推力,往往是将人蹬出,而前踢在于将力量通过小腿和脚掌“钉入”攻击目标,前踢由于不大幅度地推大腿,因此速度更快。前踢的力量着眼点是“钉入”,前踹的力量着眼点是“蹬出”。跳前踢见视频9-2。

视频9-1 前踢

视频9-2 跳前踢

(3)横踢:和散打的“鞭腿”、泰拳的“扫腿”、空手道的“回蹴”属于同性质的左右方向的攻击腿法,但方式不同。要充分地正提膝,注意夹紧双腿,大小腿充分折叠,同时侧转身,展跨,小腿鞭踢。由于正提膝且不甩大腿,因此特点是速度极快,像鞭子一般。这也是跆拳道腿法快的最重要原因之一。

(4)下劈:攻击腿像折尺一样向上抬起,充分提膝抬起后,再展出小腿,直到高点,猛然下压,用脚跟或脚掌向下攻击,身体注意不要前俯,可以微微后仰,必要时允许微微踮脚,但要保持重心稳重,手部要保持防御状态(视频9-3)。下劈分为内劈(由外向内)、外劈(又内向外)和正劈,正劈又称斧式劈腿。关键点是提腿时要注意大小腿折叠提起,这样劈出的距离才长,力量才足,速度才快。

(5)后踢:转身充分提膝,注意双腿夹紧,向后直线蹬出(视频9-4)。注意不要无意识地向上摆甩。此腿法看似一般但实际做好的难度较大。

(6)侧踢:和散打、空手道等一样(空手道的这种腿法称为“横踢”),转身完全侧向对手,提膝将大腿充分回收,然后直线蹬出(视频9-5)。

视频9-3　下劈

视频9-4　后踢

视频9-5　侧踢

(7)双飞踢:左右两个横踢的带微跳跃完美组合,分为单双飞和双双飞,单双飞时前脚为须晃,着重于后脚的猛烈抽跳攻击,攻击对手肋部或头部;双双飞时,前后脚都均匀用力,打击对手左右双肋。

(8)摆踢:攻击腿向前方侧面蹬出,然后将小腿折叠回夹,用脚掌底横向抽打目标(视频9-6)。注意不要太大幅度地甩动大腿,否则会影响速度。而散打、泰拳、空手道等的摆踢则大幅度甩动大腿。跳摆踢见视频9-7。前踢+摆踢见视频9-8。

视频9-6　摆踢

视频9-7　跳摆踢

视频9-8　前踢+摆踢

(9)后旋踢:360°回转身,加上前摆。并非二者简单地相加,而是一气呵成,浑然一体,成为一个连贯的动作。腿法的攻击方式如上所述。

(10)旋风踢:360°转身,加上微跳跃的横踢,同理,是一气呵成,一个连贯动作。

(11)抽踢:支撑脚(前脚)摩擦地面,迅速后滑,同时攻击脚迅速作出横踢,然后恢复防御姿态,即在抽身离开对手的同时用横踢攻击对手,此腿法是特色腿法之一,在离开对手时,还能给予一击。

四、格挡

(1)上格挡:格挡来自上方往下的攻击力量。

(2)上段外格挡、中段外格挡、下段外格挡:分别格挡来自上段、中段和下段的侧向或前方的打击。例如对方用拳从侧面攻击自己头部、用拳从侧面攻击自己胸腹部、用脚踢击自己髋部。格挡方向由内至外。有利于另一手反攻,或抓摔对方。

(3)上段内格挡、中段内格挡:和外格挡作用类似,但方向相反,是由外而内格挡,有利于用格挡手的肘部迅速反攻。

(4)立体防守(提膝防守):最实用的经典防守动作。提膝并配合手部的防守,使全身得到立体型的全面保护,特别是有利于对付强有力的鞭腿扫踢等。因为下段格挡用小臂挡腿的危险性很大,而用提膝对抗则相对有效。

第三节 跆拳道运动的主要规则

竞技跆拳道运动经过40多年的发展,特别是经过几届奥运会的磨炼,其竞赛理论、竞赛规则以及裁判方法更加科学、严谨、规范,不仅促进了本项目技战术创新,也使比赛更加精彩、激烈。

我国自1995年正式开展跆拳道项目以来,竞赛理论、竞赛规则和裁判方法的研究和制定,经历了“学习引进、不断完善”的发展过程,总体的指导思想是力求搭建公平、公正、公开的国内竞赛平台,体现并倡导“国内练兵、一致对外”的思想。实践证明,坚持这一正确的指导思想,充分发挥竞赛杠杆作用,使我国的跆拳道运动不断发展壮大。

为了增强跆拳道比赛的观赏性和公正性,备战国际大赛,依据世界跆拳道联盟最新颁布的竞赛规则及解释,结合国内跆拳道竞赛的实际情况,以及我国跆拳道运动员参与国际大赛竞争的需要,中国跆拳道协会对现行的竞赛规则及解释进行了修订,正式颁布了新的《跆拳道竞赛规则及解释(竞技)》,原竞赛规则同时废止。

一、比赛区

比赛区应为8m×8m、水平、无障碍物、正方形的场地,或由中国跆拳道协会批准使用的其他规格的比赛场地。

比赛区应铺设经中国跆拳道协会监制或指定的专用比赛垫。必要时,比赛区可根据实际需要置于一定高度的平台上。为保证运动员的安全,比赛场地边界线外应有与地面夹角小于30°的斜坡(图9-1)。

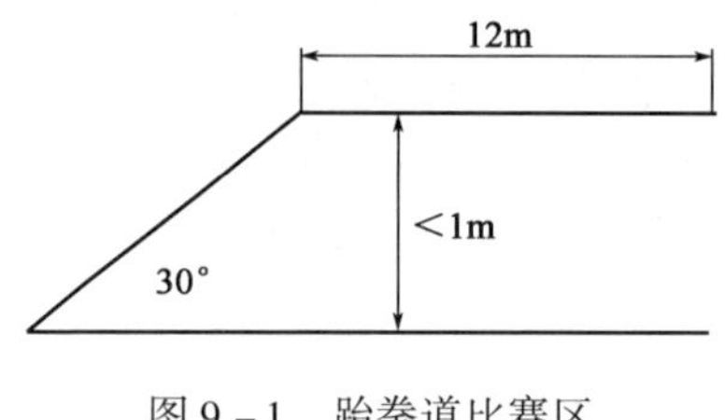

图9-1　跆拳道比赛区

二、比赛服装和护具

(1)运动员穿着和佩戴的道服和护具必须由中国跆拳道协会指定或认可。

(2)运动员比赛时须佩戴护具,包括护胸、头盔、护裆、护臂、护腿、护齿、手套等。其中护裆、护臂、护腿应戴在道服内;除了头盔,头部不得佩戴其他物品。与宗教信仰相关的物品,应提前获得许可并佩戴在头盔或道服内。

(3)教练员在赛场执教时,必须穿着规范的运动服、运动鞋。严禁穿着与比赛不相适应的衣着入场执教。

三、比赛的种类和方法

(一)比赛种类

1. 个人赛

个人赛一般在相同体重级别的运动员之间进行,运动员在1次赛事中只允许参加1个级别的比赛。

2. 团体赛

(1)按体重级别进行5人制团体赛,级别见表9-1。

表 9－1　团体赛级别

男子	女子
54 公斤以下	47 公斤以下
54～63 公斤	47～54 公斤
63～72 公斤	54～61 公斤
72～82 公斤	61～68 公斤
82 公斤以上	68 公斤以上

(2)按体重级别进行 8 人制团体赛。

(3)按体重级别进行 4 人制团体赛(将 8 个体重级别中相邻 2 个级别合并成为 4 个级别)。

(二)比赛方式

(1)单场淘汰赛。

(2)复活赛。

(3)循环赛或其他赛制。

四、比赛时间

每场比赛为 3 局,每局比赛 2 分钟,局间休息 1 分钟;青少年比赛时间可根据情况适当调整。可根据特殊需要对局数、比赛时间及休息时间进行调整,但每局比赛(包括加时赛)2 分钟的时间规定原则上不能改动。

五、比赛程序

(一)检录

运动员在规定时间持有效参赛证件到检录区进行身份确认,领取护具,等候赛前检查。

(二)检查

检录后,运动员必须接受包括至少 1 名裁判员在内的赛事组委会指定人员对其进行身体、服装、护具及用品的检查。检查合格后,在指定区域等候点名入场。

运动员、教练员及队医不得携带任何可能造成伤害的物品进入比赛场地;运动员不得有任何不服从检查的态度或行为。除非有赛事组委会医生的证明,运动员不得使用任何脚部包裹物。

(三)点名

入场前3分钟开始点名,每分钟点名1次,共点名3次。如比赛开始后1分钟仍未到场者,按弃权论。

(四)入场

点名后,运动员和1名教练员进入比赛场地指定位置,并允许1名队医同时入场。

(五)比赛开始和结束

(1)每场比赛开始前,主裁判员给出“青”(Chung),“红”(Hong)的口令,示意双方运动员左臂紧夹头盔进入比赛区。

(2)双方运动员相向站立,听到主裁判员发出“立正”(Cha-ryeot)和“敬礼”(Kyeong-rye)的口令时互相敬礼。敬礼时自然站立,腰部前屈不小于30°,头部前屈不小于45°。鞠躬完毕后,运动员戴上头盔。

(3)主裁判员发出“准备”(Joon-bi)和“开始”(Shi-jak)口令开始比赛。

(4)每局比赛由主裁判员发出“开始”(Shi-jak)口令即开始,主裁判员发出“停”(Keu-man)口令结束。即使主裁判员没有发出“停”(Keu-man)的口令,比赛仍将按照规定的时间结束。

(5)最后1局比赛结束后,运动员相向站在各自指定位置脱下头盔并用左臂夹紧。主裁判员发出“立正”(Cha-ryeot)、“敬礼”(Kyeong-rye)口令时相互敬礼,在主裁判员宣判比赛结果后退场。

(六)团体赛程序

(1)2个参赛队的所有运动员在指定位置相向站立,按边界线方向顺序排列;

(2)比赛开始前和结束后的程序按第十条第5款规定进行;

(3)双方运动员需到比赛场外指定位置等候上场;

(4)比赛全部结束后,双方运动员进场相向列队站立;

(5)主裁判员宣判比赛结果后,双方运动员退场。

六、犯规行为

比赛过程中所出现的犯规行为,由场上的主裁判员执行判罚。判罚分为“警告”(Kyong-go)和“扣分”(Gam-jeom)。2次“警告”应给对方运动员加1分,最后1次奇数警告不计入总分。1次“扣分”应给对方运动员加1分。

(一)以下行为将被判罚“警告”

(1)双脚越出边界线;

(2)转身背向对方运动员逃避进攻;
(3)倒地;
(4)故意回避比赛,或处于消极状态;
(5)抓、搂抱或推对方运动员;
(6)攻击对方运动员腰以下部位;
(7)伪装受伤;
(8)用膝部顶撞或攻击对方运动员;
(9)用拳攻击对方运动员头部;
(10)教练员或运动员有任何不良言行;
(11)提膝阻碍或逃避对方运动员的攻击。

(二)以下行为将被判罚"扣分"

(1)主裁判员发出"分开"(Kal - yeo)口令后攻击对方运动员;
(2)攻击已倒地的对方运动员;
(3)抓住对方运动员进攻的脚将其摔倒,或用手推倒对方运动员;
(4)故意用拳攻击对方运动员头部;
(5)教练员或运动员打断比赛进程;
(6)教练员或运动员使用过激言语、出现严重违反体育道德的行为。

比赛赏析

视频9-9　跆拳道比赛视频

复习思考题

1. 跆拳道运动在全世界的组织主要分为哪两个体系?
2. 跆拳道运动的主要特点是什么?
3. 跆拳道运动的价值是什么?

第十章

武术运动

第一节　武术运动概述

武术运动是以技击为主要内容,以套路和搏斗的运动形式,注重内外兼修的中国传统体育项目。

一、武术运动的起源与发展

(一)武术运动的起源

武术运动的起源可以追溯到我国上古时代。原始人类为了生存,在狩猎的过程中与凶猛禽兽进行斗争时的徒手的和持简单器械的各种搏斗,就是原始人最初的运动形式。恰恰是这样一种原始的生存方式,在长期斗争实践中孕育萌发了我国古代武术。

进入氏族社会后,部落间常为争夺领地和财富而发生械斗,把人与自然的斗争演变为人类之间的斗争,这是古代军事武术的原始雏形。每当部落战争结束后,在欢庆胜利或祭祀的庆典上,武士们拿着兵器做模仿军事动作的操练,借以炫耀武力。部族人把平时用来强身壮体而模仿动物动作的简易舞蹈“百兽舞”“角抵戏”等,在会上进行表演,以示庆贺。至此,集生产、军事、健身、娱乐于一体的、多功能的古代武术已初步形成。

(二)武术运动的发展

进入夏、商、西周奴隶社会时期,奴隶主间频繁的战争,军事武术日趋完备,冶炼术的发明,青铜兵器取代木石器械,更具有杀伤力,使用兵器的攻防技法有了提高。春秋战国时期,各诸侯国更崇尚武功。由于奴隶制度崩溃,打破了奴隶

主一统军队的局面，军事武术开始流向民间。以强身健体、祛病延年、自卫防身为主旨的民间武术的问世，是武术发展史的一个飞跃。

隋唐五代时期，兵器有了更新，枪取代钺、戟，成为士兵的主要武器，短兵器被刀所代替。两宋时期，民间尚武风气兴盛，民间武馆遍及各地，街头巷尾出现了设棚授徒，摆场练武，项目有角力、使拳、弄棒、刺枪，内容有单练、对练、集体演练。民间武馆的兴办，进一步促进了我国民间武术的交流与发展。

明朝是武术发展的鼎盛时期，也是武术向体育化进程完善的阶段，一批理论专著问世，代表性作品有戚继光的《纪效新书》、程宗猷的《耕余剩技》，比较全面地总结了前人经验，为后人学习和研究武术提供了宝贵的历史资料。

清朝禁止民间练武，但与统治者的愿望相反，民间仍以社馆形式秘密传授武艺。八极、劈挂、行意、八卦、太方等著名拳种多在清朝形成。1910 年霍元甲在上海首创“精武体育会”，极大地振奋了民族精神。1927 年张之江在南京创办“中央国术馆”，在其影响下，一些省市也相继建馆。该馆汇集了当年武林界名家执教，旨在发扬光大武术、培养师资，为近代武术的发展做出了贡献。1936 年以该馆师生组成的武术代表团，参加了第十一届奥运会的武术表演，受到了世界各国的欢迎，使中华武术名扬天下。

(三)新中国武术运动发展简况

新中国成立后，党和政府十分重视武术运动的挖掘整理工作。1956 年中华全国体育总会组建了“民族形成体育研究会”，国家体委设置武术科，全面领导武术的开展工作。1953 年在天津举行了首届“全国民族形式体育表演暨竞赛大会”，145 名选手参加武术比赛、表演 332 项不同门派的拳术和器械。各省、市、自治区建立了各级武术协会，各地成立武术辅导站，青少年业余体校开设武术班，这一系列措施，进一步推动了武术运动的普及与提高。1956 年国家体委把武术列为全国性的比赛项目。1958 年又邀集部分专家审定武术竞赛规则，制定技术等级标准，促进了武术比赛规范化的进程。

武术作为中国古老文明的象征和使者，继 1960 年新中国第一支武术队出访之后，我国一批批武术工作者的足迹，如今已踏遍五大洲几十个国家。通过表演访问赢得了各国人民的赞誉。

二、武术运动的特点

(一)既有搏击运动，又有套路运动

既有搏击运动，又有套路运动，这是武术区别于其他运动项目的主要特点。

从原始人类的自由搏击发展到古代的军事武术,都具有鲜明的技击性,至今保留项目有太极推手、散手、短兵、擒拿格斗等。然而随着岁月的流逝,军事搏击术逐渐被以舞练形式为主的套路运动所代替。但不论是拳术、器械、对练的套路,仍保留了搏击运动的某些特点。以单练拳术套路为例,包括有攻防性质的各种手法、肘法、腿法;有跳跃、平衡、跌扑、翻腾等技巧动作和形神兼备的艺术造型。由于拳种不同,拳路风格迥然有异,从而形成了各技术流派特有的运动方法和特点。

(二)富有完美的艺术性

不论是观看武术比赛或表演,都给人们留下艺术美的感受。这一特点的形成,在其发展历史上留下了深刻的印迹。武术动作潇洒优美,套路结构严谨,运动方法独特。运动时讲究内外合一,意领身随;动静起落,节奏鲜明;形神兼备,富于运动感情。加之武术器械琳琅满目,运动技法各不相同,扣人心弦的高难动作和完美的动作造型,把健、力、美融为一体,这就构成了武术套路所具有的艺术特色。

(三)具有广泛的适应性

武术是一项能满足不同年龄、性别、不同体质和健康状况的人进行锻炼的运动项目,由于年龄或健康状况等原因不能参加其他运动的人,都可根据个人实际选择武术项目进行锻炼。

此外,开展武术运动不受场地、器材、地域、季节的限制。俗话说“拳打卧牛之地”,器材亦可因陋就简,无论是严冬盛夏,也无论是塞北江南都易于开展,因而具有广泛的适应性。

三、武术运动的价值

武术的内容丰富多彩,形式多样,风格独特。它具有强身健体、防身自卫、锻炼意志、陶冶性情、竞技比赛、娱乐观赏、交流技艺、增进友谊的功能,是一项具有广泛社会价值和民族文化特色的中国传统体育项目。

第一,提高素质,健体防身。系统地进行武术训练,对人体速度、力量、灵巧、耐力、柔韧等身体素质要求较高,人体各部位“一动无有不动”,几乎都参加运动,使人的身心都得到全面锻炼。实践证明,对外能利关节,强筋骨,壮体魄;对内能理脏腑,通经脉,调精神。武术运动讲究调息行气和意念活动。对调节内环境的平衡,调养气血,改善人体机能,健体强身十分有益。武术的搏斗运动,通过攻防技术练习、拳打、脚踢等动作的运用,并在交手中互相扬长避短,攻彼弱点,

避彼锋芒，讲究得机、得时、得势，从而提高判断力和应变能力。这无疑能提高人们克敌制胜和防身自卫的能力。

第二，锻炼意志，培养品德。武术训练能培养吃苦耐劳、不断奋进的精神和永不自满的品质。同时又能锻炼勇敢无畏、坚韧不屈的战斗意志。经过长期锻炼，可以形成勤奋、刻苦、果敢、顽强、虚心好学、勇于进取的良好习惯和意志品质。“未曾习武先学礼，未曾习武先习德”，尚武崇德不仅能很好地陶冶情操，而且还会大大的益于社会的精神文明建设。

第三，竞技观赏，丰富生活。武术具有很高的观赏价值，赛场上运动员斗智较勇的对抗性项目及刀飞剑舞的套路演练，都会引人入胜、给人以美的享受，并且给人以启迪教育和乐趣。

第四，交流技艺，增进友谊。互教互学，以武会友，切磋技艺，讲礼守信，能交流思想增进友谊。武术通过体育竞技、文化交流等途径，在与世界各国人民友好交往中发挥着越来越大的作用。

四、武术运动的分类

（一）拳术类

1. 长拳

长拳是查、华、洪、花、少林、戳脚等拳的总称。长拳动作舒展大方，快速有力，节奏鲜明；起伏转折多，关节活动范围大，特别适合青少年练习。

2. 形意

形意是五行、十二形、进退连环、四把、杂式锤等的总称。以三体式为基本姿势，以劈、钻、崩、炮、横为基本拳法，是刚中寓柔、动静分明、形意合一的一种拳术。此拳动作简练，一顾一打，单式锻炼，攻防性强，实用价值较高。

3. 八卦

八卦以摆扣步走转为主，以推、托、锁、穿、带等掌法的变化为根本；走转行圆、身灵步活、随走随变、势势连绵是其特色。

4. 太极

太极主要包括杨式、吴式、陈式、孙式、武式等五大流派。其运动特点是柔和缓慢、圆活连贯、速度均匀、弧形运动。各式又有不同的风格：杨式太极拳架势舒展，松静自然，以柔为主；吴式太极拳架势小巧，紧凑严密，独具静态之妙；陈式太极拳虚实分明，柔化刚发，贯穿于缠系劲；孙式太极拳舒展圆活，动作敏捷，如行云流水,绵绵不断,每转身则以开、合相接;武式太极拳结构严谨,均匀连贯。

5. 南拳

南拳是流传于我国中南、西南、华东诸省拳术的总称。其势烈、步稳、劲刚,以发声吐气助长动作劲力,运动强度较大。

6. 通臂

通臂以摔、拍、劈、横为基本掌法,发力通达于臂,放长击远,拧腰切胯,双臂交叉摔臂,连续不断,有利于发展协调性和力量。

(二)器械类

武术器械种类繁多,据不完全统计多达400余种,现把流行的代表性器械分类介绍。

1. 代表性短器械——刀术、剑术

(1)刀术:以缠头裹脑为基本动作,有劈、砍、撩、挂、托等刀法组成的套路。动作迅猛矫健,快速有力,有“刀如猛虎”之说。

(2)剑术:以刺、崩、点、撩、挑等主要剑法与另一手的剑指协调配合组成的套路,具有动作轻灵、造型优美、韵律感强的特点,舞起剑来给人以“剑似游龙”的感受。

2. 代表性长器械——枪术、棍术

(1)枪术:以拦、拿、扎为基本技法,以挑、崩、刺、劈、拨等枪法和舞花组成套路。枪术动作复杂多变,技术难度大,故武术界流传有“枪是百械之王”的说法。

(2)棍术:以抡、戳、撩、崩、扫、劈等棍法和舞花组成套路。基本技法是运用棍的两端,素有“枪扎一条线,棍打一大片”之说,概括了棍术的技法特点。

3. 双器械

有双刀、双剑、双钩等。技法运用和单器械基本相同,但对练习者基本功底与技术熟练程度要求更高。

4. 软器械

有九节鞭、流星锤、绳镖等。以缠、绕、抡、扫、点等主要技法和舞花以及技巧动作组成套路。技术难度大,要求练习者舞练时要手快、眼疾、身灵、势稳、步活。

(三)对练项目

两人以上、六人以下按规定动作进行的攻防练习称为对练项目,分徒手对

练、器械对练、徒手与器械对练。动作惊险,扣人心弦,出神入化,引人入胜,具有较高的观赏和实用价值。

(四)集体项目

六人以上徒手或持器械的集体演练为集体项目。为烘托表演时的气氛,使动作整齐划一,提高艺术感染力,可用口令指挥,可发声,可配音乐。

(五)对抗项目

1. 太极推手

太极推手是两人按规则规定的要求,使用太极拳的基本手法,进行的实战比赛。通过肌肉的感觉,借劲发力将对手推出。在比赛手法上有单手、双手之分;步法上有定步、活步之别。比赛按体重分七个级别进行,即 52 公斤级、56 公斤级、60 公斤级、65 公斤级、70 公斤级、75 公斤级、80 公斤级。

2. 散手

散手是两人按竞赛规则的要求,使用踢、打、抱摔等技击方法进行的实战比赛。竞赛激烈,对抗性强。为确保比赛安全进行,双方运动员必须佩戴头盔、拳套、护胸、护腿、护裆等保护装具。比赛分级同太极推手。

(六)竞赛项目

1. 拳术

(1)自选拳术:长拳、南拳、太极拳。

(2)其他拳术:除规则规定的自选拳术内容以外的拳术。

第一类:形意、八卦、八极。

第二类:通臂、劈挂、翻子。

第三类:地趟拳、象形拳。

第四类:查、花、炮、洪、华、少林、各式太极拳和南拳等。

2. 器械

(1)自选器械:短器械刀、剑;长器械枪、棍。

(2)其他器械:除规则规定的自选器械内容以外的器械。

第一类:单器械。

第二类:双器械。

第三类:软器械。

第二节　武术运动的基本功练习

基本功和基本动作一般包括肩、臂、腰、腿、手、步,以及跳跃、平衡等练习。通过基本功和基本动作的练习,可使身体各部位得到较全面的训练,并能较快地发展武术运动的专项素质,为学习拳术和器械套路,为提高技术水平打下良好的基础。

一、肩臂练习

肩臂练习主要是增进肩关节韧带的柔韧性,发展臂部力量,为学习和掌握各种拳、掌等手法提供必要的专项素质。

(一)压肩

(1)预备姿势:面对肋木站立,距离一大步,两脚左右开立,与肩同宽或稍宽。

(2)动作说明:两手抓握肋木,上体前俯(挺胸、塌腰、收胯)并做下振动压肩动作,见图10-1。利用肋木压肩时,也可由另一人骑坐在练习者背上,随着练习人的下振动作,有节奏地给以助力。也可两人面对面站立,互相扶按肩部,做体前屈的振动压肩动作,见图10-2。

图10-1　下振动压肩动作示意

图10-2　两人互相扶按肩部的振动压肩动作示意

(3)要求与要点:两臂、两腿要伸直,幅度应逐步加大,压点集中于肩部,增加助力时应由小到大。

(二)单臂绕环

(1)预备姿势:成左弓步站立,左手按于左膝上(也可两脚开立,左手叉腰),右臂垂于体侧。

(2)动作说明:向后绕环——右臂由上向后、向下、向前绕环。向前绕环——右臂由上向前、向下、向后绕环。练习时,左右臂交替进行。做左臂绕环

时,换右弓步站立。

(3)要求与要点:臂伸直、肩放松,划立圆,逐渐加速。

(三)双臂交叉绕环

(1)预备姿势:两脚开立,与肩同宽,两臂垂于体侧。

(2)动作说明:两臂直臂上举,左臂向前、向下、向后,右臂向后、向下、向前,同时于身侧划立圆绕环。练习时可左右交替进行。

二、腰部练习

腰是贯通上下肢体的枢纽,俗话说:“练拳不练腰,终究艺不高”。在手、眼、身法、步法四个要素中,腰是较集中地反映身法技巧的关键。

(一)前俯腰

并步站立,两手手指交叉,直臂上举,手心朝上,上体前俯,两手尽量贴地。然后两手松开,抱住两脚跟腱逐渐使胸部贴近腿部,持续一定的时间再站立。还可以向左或向右侧转体,两手在脚外侧触地面。

要求与要点:两腿挺膝伸直,挺胸、塌腰、收髋,并向前折体。

(二)甩腰

开步站立,两臂上举,然后以腰、髋关节为轴,上体做前后屈和甩动作,两臂也跟着甩动,两腿伸直。

要求与要点:前后甩腰要快速,动作要紧凑而有弹性。

(三)涮腰

两脚开立,略宽于肩,两臂自然下垂。以髋关节为轴,上体前俯,两臂随之向左前下方伸出,然后向前、向右、向后、向左翻转绕环。

要求与要点:尽量增大绕环幅度。

三、腿部练习

腿部练习主要发展腿部的柔韧性、灵活性和力量等要素。

(一)正压腿

面对肋木或一定高度的物体,并步站立,左腿提起,脚跟放在肋木上,脚尖勾起,踝关节屈紧,两手扶按膝上。两腿伸直,立腰、收髋、上体前屈,并向前、向下做压振动作。练习时,左右腿交替进行。

要求与要点:①直体向前,向下压振;②逐渐加大振幅,逐步提高腿的高度;③先以前额、鼻尖触及脚尖,然后过渡到下颚触及脚尖。

(二)侧压腿

侧对肋木或一定高度的物体,右腿支撑,脚尖稍外撇。左腿举起,脚跟搁在肋木上,脚尖勾起,踝关节紧屈。左臂屈肘上举,左掌附于右胸前。两腿伸直,立腰、开髋,上体向左侧压振。练习时,左右交替进行。

要求与要点:①同正压腿的第①、②点;②逐步过渡到上体侧卧在被压腿上。

(三)竖叉

两手左右扶地或两臂侧平举,两腿前后分开成直线。左腿后侧着地,脚尖勾起;右腿的内侧或前侧着地。

要求与要点:挺胸、立腰、沉髋、挺膝。

(四)正踢腿

(1)预备姿势:两腿并立,两手成立掌或握拳侧平举。

(2)动作说明:左脚向前上半步,左腿支撑,右脚勾起脚尖向前额外猛踢;两眼向前平视;练习时左右交替进行。

(3)要求与要点:挺胸、立腰;踢腿时,脚尖勾起绷落或勾起勾落;收髋猛收腹,过腰后加速,要有寸劲。

(五)斜踢腿

(1)预备姿势:与正踢腿同。

(2)动作说明:右脚向前半步,右腿支撑,左脚勾紧脚尖向异侧耳际猛踢;两眼向前平视;练习时左右腿交替进行。

(3)要求与要点:与正踢腿相同。

(六)外摆腿

(1)预备姿势:与正踢腿同。

(2)动作说明:右脚向右前方上半步,左脚脚尖勾紧,向右侧踢起,经面前向左侧上方外摆,直腿落右腿旁;眼向前平视;左掌可在左侧上方击响,也可不做击响;练习时左右交替进行。

(七)里合腿

(1)预备姿势:与正踢腿同。

(2)动作说明:右脚向右前方上半步,左脚脚尖勾起里扣并向左侧踢起,经面前向右侧上方直腿里合,落于右脚外侧;右手掌在右侧上方可迎击右脚掌(击响),也可不做击响;眼向前平视;练习时,左右脚交替进行。

(3)要求与要点:挺胸、立腰,松髋、合髋;里合幅度要大,并成扇形。

(八)后扫腿

(1)预备姿势:两脚并立,两臂垂于体侧。

(2)动作说明:左脚向前开步,左腿屈膝半蹲,右腿挺膝伸直,成左弓步;同时两掌从两腰侧向前平直推出,掌指朝上,小指一侧朝前;眼看两掌尖。左脚尖内扣,左腿屈膝全蹲,成右仆步姿势,同时上体右转并前附。两掌随体右转在右膝内侧扶地。随着两手撑地,上体向右后拧转的惯性力量,以左掌前掌为轴,右脚贴地向后扫转一周。

(3)要求与要点:转体、俯身、撑地用力要连贯紧凑,一气呵成;上下肢动作不要脱节。

四、手形手法练习

手形手法练习是运用拳、掌、勾三种手形,结合上肢冲、架、推、亮等运动方法,操练上肢手法的基本规律。

(一)手形

(1)拳:四指并拢卷握,拇指紧扣食指和中指的第二指节。

要求与要点:拳紧握,拳面平,直腕。

(2)掌:四指并拢伸直,拇指弯曲紧扣于虎口处。

(3)勾:五指第一指节捏拢在一起,屈腕。

(二)手法

1. 冲拳

冲拳分平拳和立拳两种。平拳拳心向下;立拳拳眼向上。

(1)预备姿势:两脚左右开立,与肩同宽,两拳抱于腰间,肘尖向后,拳心向上。

(2)动作说明:挺胸、收腹、立腰,右拳从腰间向前猛力冲出,转腰、顺肩,在肘关节过腰后右前臂内旋,同时左肘向后牵引;练习时,左右可交替进行。

(3)要求与要点:出拳要快速有力、要有寸劲(爆发力);还要做好拧腰、顺肩、急旋前臂的动作。

2. 架拳

(1)预备姿势:与冲拳同。

(2)动作说明:右拳向下、向左、向上经头前向右上方划弧并在右前上方架起,右拳拳眼向下,眼看左方;练习时,左右可交替进行。

(3)要求与要点:松肩、肘微屈、前臂内旋。

3. 推掌

(1)预备姿势:与冲拳同。

(2)动作说明:右拳变掌,前臂内旋,并以掌根为力点,向前猛力推击,推击时要转腰、顺肩,臂要伸直,高与肩平,同时左手向后牵拉;练习时,左右可交替进行。

(3)要求与要点:挺胸、收腹、立腰;出掌要快速有力,有寸劲;同时还要做好拧腰、顺肩、沉腕、翘掌等动作。

4. 亮掌

(1)预备姿势:与冲拳同。

(2)动作说明:右拳变掌,经体前向右、向上划弧,至头部右前上方时抖腕亮掌,臂成弧形;掌心向前,虎口朝下,头随右手动作转动,在亮掌时眼注视左方;练习时,左右可交替进行。

(3)要求与要点:抖腕、亮掌与转头要同时完成。

五、步型练习

步型练习主要是增进腿部力量,以提高两腿的稳固性。

(一)弓步

左脚向前一大步(约为本人脚长的4~5倍),脚尖稍内扣,左腿屈膝半蹲(大腿接近水平),膝与脚尖垂直。右腿挺膝伸直,脚尖内扣(斜向前方),两脚全脚着地。上体正对前方,眼向前平视,两手抱拳于腰间。弓右腿为右弓步,弓左腿为左弓步。

要求与要点:前腿弓,后腿绷;挺胸、塌腰、沉髋;前脚尖同后脚跟成一条直线。

(二)马步

两脚平行开立(约为本人脚长的3倍),脚尖正对前方,屈膝半蹲,膝部不超过脚尖,大腿接近水平,全脚着地,身体重心落于两腿之间,两手抱拳于腰间。

要求与要点:挺胸、塌腰、展髋、裹膝,脚跟向外蹬。

(三)虚步

两脚前后开立,右脚外展45°,屈膝半蹲,左脚脚跟离地,脚面绷平,脚尖稍内扣,虚点地面,膝微屈,重心落于后腿上,两手叉腰,眼向前平视。左脚在前为左虚步,右脚在前为右虚步。

要求与要点:挺胸、塌腰、虚实分明。

(四)歇步

两腿交叉靠拢全蹲,左脚全脚着地,脚尖外展,右脚前脚掌着地,膝部贴于前腿外侧,臀部坐于后腿接近脚跟处。两手抱拳于腰间。向左前方平视。左脚在前为左歇步,右脚在前为右歇步。

要求与要点:挺胸、塌腰、两腿并拢并贴紧。

第三节　武术运动的主要规则

随着武术事业的发展,武术不仅已成为我国体育运动竞赛项目之一,而且成为亚运会的正式竞赛项目。这就使武术竞赛的组织和裁判更加向正规化、科学化的方向发展。

一、场地和时间

武术比赛的场地、时间有严格的规定。场地采用长方形(自选或规定套路比赛),长度为14m,宽度为8m,而且长方形外至少有1.5～2m的无障碍空间。如果国际比赛或国家级非儿童组比赛时间不得少于1min 20s,儿童组比赛不得少于1min,太极拳(42式)不得少于5～6min。

二、武术竞赛的组织

武术竞赛的组织工作主要是:制定竞赛规程,成立竞赛组织机构,落实各竞赛事宜,组织裁判队伍等。

(1)制定竞赛规程。竞赛规程是整个竞赛工作的依据,是竞赛组织者和参加者的指导性文件。竞赛规程一般包括下列内容:竞赛名称、竞赛的主办单位和承办单位、竞赛的日期和地点、参加单位和参加办法、竞赛的性质、办法、项目、报名与报到、录取名次与奖励办法、裁判员和仲裁委员会等。

(2)组织裁判队伍。裁判人员的组成:裁判人员一般由主办单位确定,通常设总裁判长1人,副总裁判长1～3人。每个裁判组设裁判长1人,裁判员5～7人(含副裁判长、计分员、计时员)。编排记录长1人,编排记录员2～3人。检录长1人,检录员2～3人,报告员1～2人。

(3)裁判评分方法。裁判评分可概括为以下四个方面的内容:①对动作规格的评分;②对劲力、协调的评分;③对精神、节奏、内容、结构、风格、布局的评分;④其他错误的扣分。

比赛赏析

视频10-1　武术比赛视频

复习思考题

1. 武术运动的特点和功能是什么？
2. 武术运动的起源与发展是怎样的？

第十一章

游泳运动

第一节　游泳运动概述

游泳运动是一种凭借自身肢体动作和与水的相互作用力,在水上漂浮前进,或在水中潜游而进行的有意识的技能活动。游泳的形式多种多样,在现代奥运会上其金牌总数仅次于田径而处第二位。这项运动简单易行,适合男女老幼健身锻炼,是一种饶有趣味的活动,能丰富人民的文化生活。

一、游泳运动的起源与发展

人类社会自有文字记载以来,游泳的起源追溯到公元前几千年。那时候古埃及的日用陶器上,就描绘着人在水中潜游,捕捉水鸟的情景。在我国古代的诗歌总集《诗经》中有古人遇水“就其浅矣,泳之游之……”。这里的“游”即指潜行水中,“泳”即指水中浮游,两字合起来便当成为后来的“游泳”一词。但我们不能认为游泳就此起源,因为,人类的起源与发展都与水休戚相关,人类的祖先从原始的采集生活逐渐过渡到渔猎生活,为了寻觅食物,逃避猛兽的侵害,他们不得不跋山涉水,学会生活的各种基本技能。所以,游泳的起源从原始的渔猎生活起就产生了。

竞技游泳是游泳发展的高级阶段,是现代游泳的重要标志。现代竞技游泳比赛起源于 19 世纪。1867 年在英国伦敦成立了第一个游泳协会,并出现了传统的竞赛性横渡拉斯曼海峡的游泳。

1867 年在英国举行了第一次“游泳冠军赛”。1896 年第一届奥运会即把游泳列为竞赛项目。1908 年成立国际业余游泳联合会,公布了游泳的世界纪录和比赛规则。1912 年第五届奥运会上女子游泳被列入正式比赛内容。从 1952 年国际泳联决定将蝶泳列为奥运会的竞赛项目起,就形成了自由泳、蛙泳、仰泳和蝶泳四种正式竞技技术和近40个游泳竞赛项目。

目前男子100m、1500m自由泳世界纪录已突破50s和15min的大关,女子成绩提高幅度更大。当今的游泳强国有美国、俄罗斯、德国、澳大利亚和中国等国家。

新中国成立后,我国的游泳运动得到了很大发展,进入80年代以来,我国游泳水平突飞猛进,多次在世界锦标赛和奥运会中打破世界纪录和夺取冠军。男子800m和1500m的世界纪录分别由我国选手张琳(7分32秒12)和孙杨(14分31秒02)保持。

随着科学技术不断发展,文化和物质生活的日益提高,人民群众对精神生活、体育锻炼的要求逐日增强。游泳在日常生活和体育医疗中的作用,越来越广泛地被人们所认识。因此,世界上婴儿游泳、幼儿游泳、孕妇游泳、老人游泳等大众"游泳热"正蓬勃兴起。

二、游泳运动的特点

游泳是在水里进行的一种活动,是以人的肢体同水相互作用而运动的一种技能,通过水对人体的作用,能达到增强体质的目的。经常参加游泳,能增强呼吸肌的力量,扩大胸廓的活动幅度,从而增大肺的容量,提高呼吸系统的机能。游泳能改善人体体温调节机能,提高机体的代谢能力,对保持和促进人体正常生长发育,改善身体形态均有良好作用,同时它又是一种有效的医疗手段。

三、游泳运动的价值

游泳运动既是一种竞技体育项目,又是一种锻炼身体的手段,老少皆宜,深受大众喜爱。

(一)竞技游泳的价值

竞技游泳是社会文化不可缺少的组成部分。就其地位和作用来看,不仅与田径、举重一道被列为奥运会的三大基础项目,而且在奥运会中拥有30多个比赛项目,项目之多,仅次于田径,影响面很大。游泳运动竞技的职能还在于推动游泳运动的普及,加强国内外的交往,提高国际威望,振奋民族精神以及对观众来说起到消遣娱乐和教育的作用等。

(二)实用游泳的价值

游泳在生产建设上有很高的实用价值,许多水上作业,如水利建设、防洪抢险、渔业捕捞等等,都需要掌握游泳技能,才能克服水的障碍,更好地完成生产建

设任务。并且,学会游泳对于广大群众落水自救和拯救溺水者尤其有现实意义。

在国防建设上,游泳是军事训练项目之一,经常进行游泳训练,能增强体质,锻炼意志,加强组织纪律性,培养勇敢顽强和吃苦耐劳的精神。

四、游泳运动的分类

游泳运动的分类,大致分为竞技游泳、实用游泳、花样游泳。竞技游泳的姿势分自由泳、仰泳、蛙泳、蝶泳和四式组合的混合泳五种。

具有实用价值的游泳,称为实用游泳。普遍采用的姿势有侧泳、潜泳、反蛙泳、踩水等。

把各种游泳动作组合起来进行表演项目称为花样游泳。花样游泳比赛分单人、双人和集体等。各项比赛又分为规定动作和自选动作两种。

五、游泳运动的注意事项

(1)游泳场所的选择。游泳场所一般可分为两类:一类是人工修建的游泳池、游泳馆;另一类是江河湖海等天然水域。一般人工游泳池容易管理,安全方面的问题也便于解决。天然水域的情况比较复杂,有许多安全问题需要注意。

(2)认真进行体检。游泳运动消耗能量较大,加上水的特殊环境,有些疾病患者不宜参加。所以在从事游泳活动前,应进行全面体检。

(3)安排好参加游泳活动的合适时间。游泳活动一般可在饭后1h以后进行。在参加激烈运动或重体力劳动后,由于身体处于疲劳状态,机体反应能力、协调性等下降,会增加呼吸和心脏器官的负担,所以,应适当休息后再从事游泳活动。

(4)合理安排运动量。游泳的时间长短,应根据身体情况、水温、从事游泳锻炼的水平等来确定,一般一次游1~1.5h较为合适。

(5)入水前的准备活动。游泳的准备活动一般采用徒手操、慢跑以及模仿游泳动作等练习。准备活动的内容和运动量,随着不同的游泳姿势和学习内容而不同,但基本要求必须是使身体各部肌肉、关节活动开。

第二节　游泳运动的基本技术

一、蛙泳的技术要领

(一)身体姿势

身体保持自然伸直,稍收腹塌腰,成流线型。身体纵轴与水平面成5°~10°,眼看前下方,见图11-1。

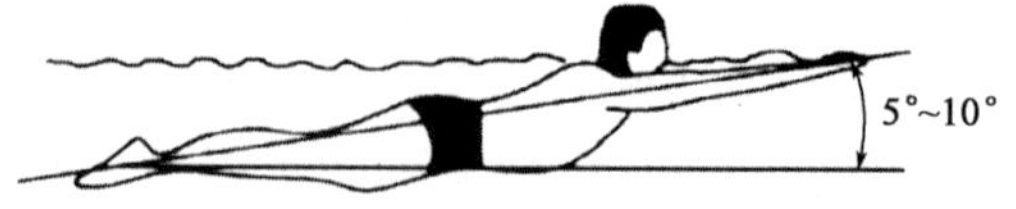

图 11－1　蛙泳的身体姿势示意

(二)腿部动作

腿部动作分为收腿、翻脚、蹬夹水、滑行四个阶段。

1. 收腿

两腿动作自然向下,两膝逐渐分开,收小腿,踝放松,边收边分,两脚后跟尽量靠近臀部,见图 11－2。此时学员大腿与躯干成 130°～150°,两膝内侧与髋关节同宽。

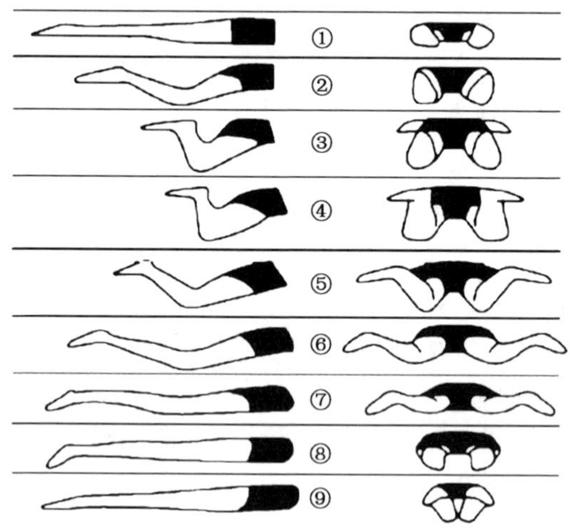

图 11－2　蛙泳腿部动作示意

2. 翻脚

收腿结束,脚仍向臀部靠近,两膝内扣的同时,两脚向外翻以有利于增大对水面的压力,见图 11－2 之④。

3. 蹬夹水

由腰腹和大腿同时发力,伸髋、伸膝,小腿内侧面和脚掌向后做急速有力的蹬夹动作,如图 11－2 之⑨。

4. 滑行

蹬夹水结束后,应迅速使两腿保持在较高位置,脚距离水面约为 30～40cm,

为下一个循环动作做好准备。

（三）臂部动作

臂部动作分为抓水、划水、收手和伸臂四个阶段。

1. 抓水

手臂前伸开始，同时肩关节略内旋，两手掌心略转向斜下方，并稍勾手腕，两手分开向侧斜下方压水，当手掌和前臂感到有压力时，就开始划水。

2. 划水

两臂分至成40°～45°夹角时，手腕开始逐渐弯曲，逐渐屈肘向两侧下后方划水。

3. 收手

收手是划水阶段的继续，收手过程能产生较向前进作用力和上升力。学员两臂向内上同时快速地向头前下方，掌心向内上，肘低于手，且成锐角。

4. 伸臂

向前伸直肘关节和肩关节，手心由上转向下方，同时向前伸出，为避免潜入过深，应注意伸臂时肩要向前，同时向前压水。

（四）配合技术

从滑行开始，两臂划水时，口露出水面做及时有力的先呼后吸，紧接着收手，臂前伸，低头闭气，当两臂开始滑下时逐渐呼气。

二、自由泳的技术要领

（一）身体姿势

如图11－3所示，自由泳时，身体伸直成流线型，与水平面保持3°～5°的迎角，颈部自然后屈与水平成20°～30°，背部与臀部的肌肉适度紧张。游进中身体可以围绕身体纵轴有节奏的转动，这种转动一般在35°～45°（图11－4）。

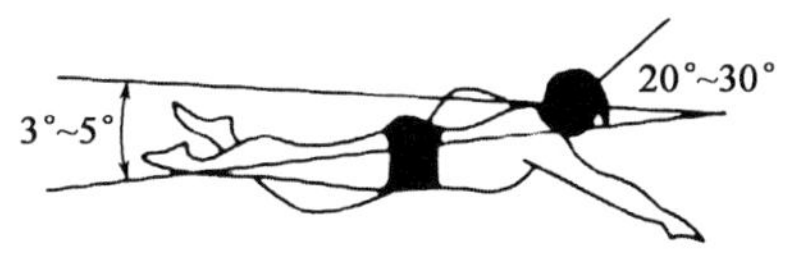

图11－3　自由泳时躯干姿势示意

图11－4　自由泳游进中躯干姿势示意

（二）腿部动作

腿的打水动作，几乎在身体的矢状平面上进行，从垂直面看，两腿分开的距离为30～40cm,膝关节弯曲约160°,如图11－5所示。

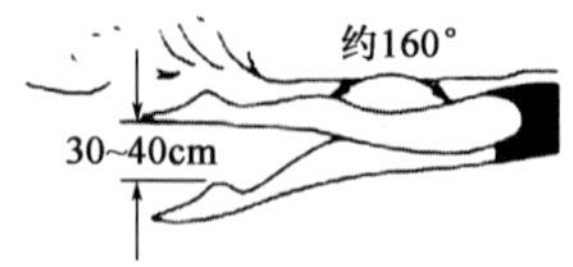

图11－5　自由泳时腿部姿势示意

打腿动作是以大腿发力,膝关节适度紧张,踝关节放松,成一鞭打动作,向上为上鞭,向下为下鞭,从腿向上动作开始,当大腿带动小腿从下直腿向上移至踝关节、膝关节、髋关节与水平面平行时,大腿稍向上而终止移动,并开始向下打水,当大腿用力开始向下打水时,由于惯性作用,此时小腿和脚仍继续向上移动,而使膝关节弯曲约160°。下鞭时,踝关节内转,小腿和脚掌由于受水的阻力,与水保持了一个有利的弯曲挡水面,能构成较大的作用力。

(三)臂部动作

臂部动作分为入水、抱水、划水、出水和空中移臂。

1. 入水

肘关节略屈并高于手,手指自然伸直并拢,手指向斜下方插入水或掌心稍向外侧切入水中,入水点在肩延长线与身体中线之间,如图11－6所示。

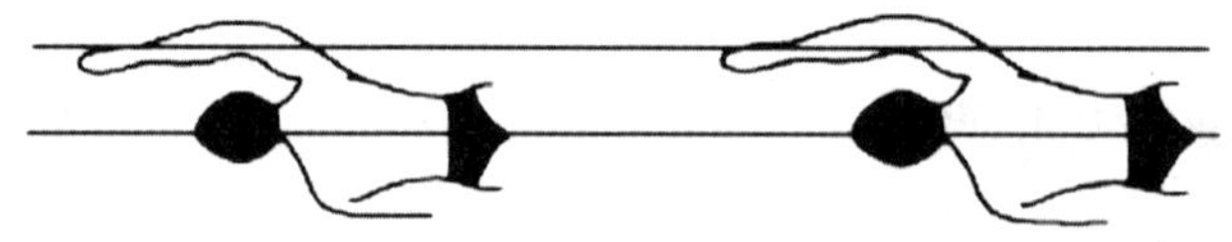

图11－6　自由泳入水示意

2. 抱水

臂入水后,积极插向前下方,至有利于抱水部位,此时前臂和上臂应积极外旋,并屈腕、屈肘。

在形成抱水动作中,臂开始是直的,当手臂滑下至与水平面成15°～20°时,应逐渐屈肘,使肘高于手,这样可以使手和前臂能最大限度地向后对水,到划水开始,手臂与水成40°,肘关节屈至150°左右,见图11－7。

3. 划水

划水是指手臂在前与水平面成40°至后与水平面成15°～20°止的这一动作过程。这阶段腿部练习主要发展腿部的柔韧性、灵活性和力量等要素。

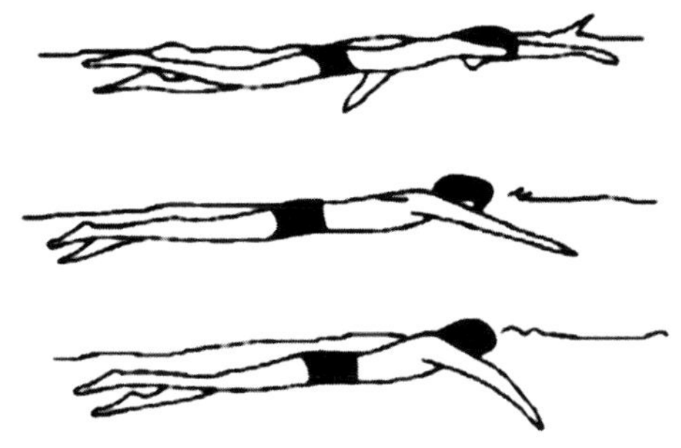

图 11－7　自由泳抱水示意

以肩垂面为界，前为拉水段，后称推水段。

拉水是一个屈臂的过程。拉水时前臂的速度比上臂快，继续屈肘至垂直平面，手在体下靠近身体中线，屈肘为 90°～120°。

推水是通过屈臂到伸臂来完成的。为使前臂、手掌能以最大的面积对水，在推水中肘关节要向上，体侧靠近。

4. 出水

划水结束后，臂由推水用力的惯性很快地靠近水面，将臂提出，肩部和上臂几乎同时出水。由上臂带动，肘部向外上方做“提拉”动作，将前臂和手提出水面，掌心向后上方。

5. 空中移臂

移臂开始时，手掌几乎完全向后和稍向上，手腕放松，手落后于肘关节。当手前摆过肩时，应与肘成一直线，这时手和前臂赶上肘部，并逐渐向前伸出，掌心也从后上方转向前下方。整个移臂过程中，肘部应始终保持比手部高的位置。

（四）配合技术

1. 两臂配合

配合技术应保证两臂不断地产生均匀的推进力。划水时，以一臂前伸时，两臂的夹角可以分为三种交叉形式：前交叉 30°、90°、150°。

2. 呼吸与臂的配合

自由泳用转头吸气，一般两臂各划一次，做一次完整的呼吸，转头吸气时，利用头前形成的波谷，可避免转头过多。

以向右吸气为例，右手入水后，口和鼻开始慢慢地呼气，右臂划水至肩下，向右侧转头,呼气量开始增加;右臂推水快结束时,呼气量进一步加大;右臂出水时,张口吸气;移臂至一半时,吸气结束并开始转头复原,而后闭气。

三、仰泳的技术要领

(一)身体姿势

身体自然伸展,仰卧在水中成较好的流线型,头和肩部稍高,腰腹和腿部保持水平,腹部和两腿均在水面下5~10cm。

(二)腿部动作

动作是"上踢下压",即"屈腿上踢,直腿下压",大腿带动小腿,以鞭打的形式来完成。仰泳腿部动作极限位置是大腿与小腿构成约135°~140°,小腿与水平面约成40°~45°,见图11-8。

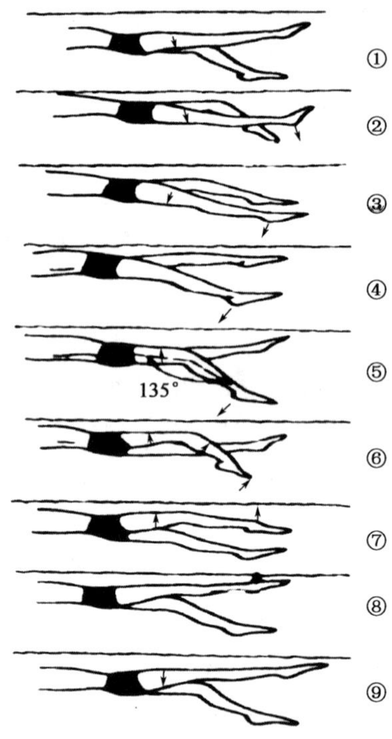

图11-8 仰泳腿部动作示意

(三)臂部动作

臂部动作分为入水、抱水、划水、出水、空中移臂几个阶段。

1. 入水

借助移臂的惯性，臂部自然放松，入水点在身体纵轴的延长线与肩的延长线之间（或肩的延长线上）。臂入水时，应保持直臂，小指向下，拇指向上，掌心向侧后方，手掌和小臂约成 150°～160°。

2. 抱水

利用移臂的动量，臂下滑到一定深度时积极抓水，并转腕和肩带内旋，同时开始屈臂，使手掌和前臂对准水并有压水感觉。完成抱水动作时，肘部内屈约成 150°～160°，手掌距水面约 30～40cm，肩保持较高的位置，见图 11－9。

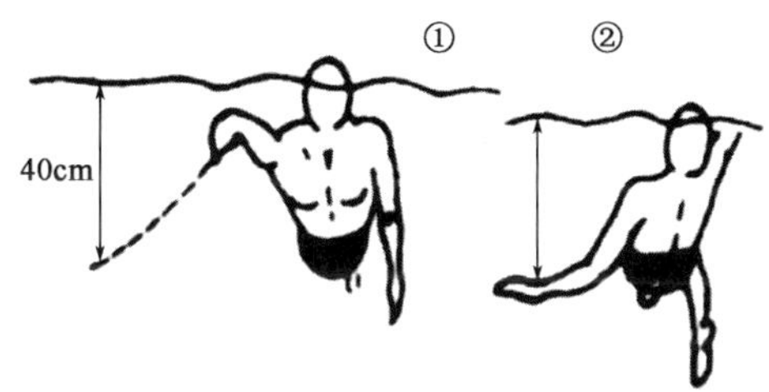

图 11－9　仰泳抱水示意

3. 划水

仰泳划水包括拉水和推水两个阶段。拉水开始时前臂内旋，手掌上移，肘部下降，使屈臂程度加大，尽快使手掌至上臂能保持与前进方向垂直，从而增大对水面的压力。

当手划至肩侧时，屈臂程度最大，约为 70°～110°，手掌距水面约为 10～15cm，见图 11－10。

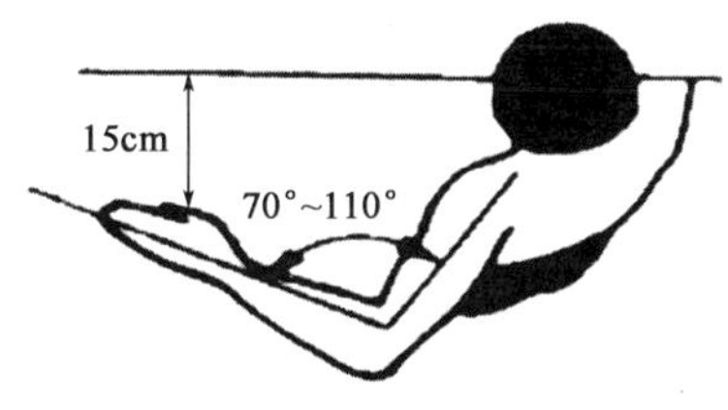

图 11－10　仰泳划水示意

4. 出水

臂出水是在推水后，借反弹力量迅速提臂出水。当推水最后的转腕推压动作时，手臂利用推压的反作用力和肩部三角肌的收缩力量，使臂自然出水，出水时手臂要放松、迅速。

5. 空中移臂

提臂出水后,应迅速沿着肩的垂直面向肩前移动。当手臂移过垂直部位后,手掌即开始内旋,使掌心向外翻转为入水动作做好准备。

(四)配合技术

1. 两臂配合

一般是当一臂划水结束时,另一臂正好开始划水,当一臂处于划水中段时,另一臂空中移臂至一半。

2. 臂腿配合

现代仰泳技术中采用6次打腿、2次划臂的配合技术;也有采用4次打腿、2次划臂的配合技术。

四、蝶泳的技术要领

(一)身体姿势

身体姿势处于不断变化的小波浪形的状态。

(二)躯干和腿部动作

如图11-11所示,打水时,两腿自然并拢,双脚稍分开成内八字形。当两脚处于最低点时,膝关节伸直,臀部上升至水面,髋关节约屈成160°,见图中①;然后两腿伸直向上移动,髋关节逐渐展开,臀部下沉,见图中②~④;当两脚继续向上时,大腿开始下压,同时膝关节逐渐弯曲,大腿继续加速向下,见图中⑤;当脚抬至接近水面时,臀部下降至最低点,屈膝成110°~130°,见图中⑥;紧接着两脚向下打水,踝关节放松,脚面对水,然后脚面、小腿随着大腿加速下压动作,加速向后推水,当两脚向下打水尚未结束时,大腿又开始向上移动,至膝关节完全伸直,向下打水的动作即结束,见图中⑦~⑧。

(三)臂部动作

臂部动作分为入水、抱水、划水、推水、出水、空中移臂几个部分。

1. 臂入水

臂入水有宽入水和窄入水之分,一般均采用宽入水,即同肩宽的肩前入水技术。入水点较近,手掌斜插入水。入水时,手掌领先,前臂、上臂依次入水。

2. 抱水和划水

臂入水后,手和前臂内旋并向外侧下方抱水,接着两臂逐渐向内、向后屈臂

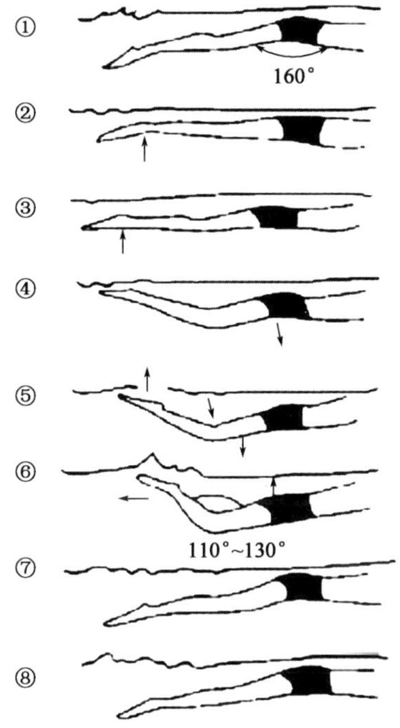

图 11－11 蝶泳躯干和腿部动作示意

划水。进入划水段，应屈肘保持“高肘”姿势，即做加速划水。两臂划至下方时，前臂与上臂的角度为 90°～100°。此后，两手划至腹下时，两手距离最近，再做两手的弧形向外推水。

3. 出水

当两手划至髋关节两侧时，利用推水的惯性，提肘出水，提肘出水动作是在推水结束前即已开始，在两臂提水尚未结束时，肘已开始做向上抬的动作，见图 11－12。

图 11－12 蝶泳出水示意

4. 空中移臂

两臂放松、内旋,沿身体两侧低平的抛物线前摆。开始时肩关节上提,两肩胛骨靠拢,然后向前转肩。空中移臂一般是直臂前摆,利用臂的离心力向前摆出,移臂时速度要快。

(四)配合技术

臂腿动作配合与呼吸:配合应是速度均匀,打水连续有力,多采用2:1:1(腿踢水2次,两臂划水各1次,呼吸1次)的配合技术。

臂腿配合结构是:两臂入水时做第一次向下打水,臂抓水时,腿向上,两臂划至胸腹下时,做第二次向下打水,臂推水结束,打水结束,移臂时,腿向上。

呼吸动作:一般采用臂划水一次,呼吸一次,晚吸气为多数学员采用,即吸气是在划水的后三分之一段;在划水主要阶段开始抬头,升高肩部;划至肩垂线时脸出水,开始吸气,至两臂完成推水动作;前移臂时,颈部弯曲,低头入水。

初学者一般采用早吸气比较容易,即在臂划水的前三分之一时就开始抬头吸气,至臂出水和向前移臂时闭气。

五、实用游泳

(一)踩水技术

1. 臂的技术

两臂放松向前伸出,用手掌和两臂在体前向内和向外压水。向外压水时掌心稍向外,向里压水时掌心稍向内,手掌要有压水的感觉。两手压水路线呈弧线,见图11-13。

图11-13 踩水时臂的技术示意

2. 腿的技术

两腿做蛙泳的蹬夹动作,蹬夹水时,先屈膝,小腿和脚向外翻,然后两膝向里扣压,用脚掌和小腿内侧向侧下方蹬夹水,当两腿还未完全蹬夹时收腿,动作连贯。

3. 臂腿配合技术

一般是两腿蹬夹一次，两手做一次压水动作。用踩水方法向前游进时，身体要略前倾，腿稍向后侧蹬水，两臂向后拨水。向侧游进时，身体向侧倒，手、腿向游进方向蹬夹水。

（二）侧泳技术

侧泳有手出水和手不出水两种，这里着重介绍手出水的侧泳方法。

1. 臂的技术

上面臂与爬泳臂划水动作相似，经空中前移，在头前入水，入水以后沿身体直线用力向后划水，至大腿处结束；下面臂由身体下部前伸，掌心向下，手略高于肩，当臂滑下与水平面成20°～25°时，稍勾手、屈臂，在胸侧向斜下方划水，划至腹下为止。划水结束后，迅速收前臂，掌心转向上，沿腹、胸在头前伸直。

2. 腿的技术

腿的技术包括收腿、翻脚和蹬剪水三个动作。

（1）收腿：上腿向前收，大腿与躯干成90°，小腿与大腿成45°～60°；下腿向后收，膝关节弯曲成30°～40°。

（2）翻脚：完成收腿动作后，上腿脚尖勾起，脚掌向后对准水，下腿将脚尖绷直，脚和小腿前面向后对准水。

（3）蹬剪水：上腿，用大腿带动小腿稍往前伸以脚掌对着蹬水方向，由体前侧向后方加速蹬夹水；下腿，以脚面和小腿对着蹬水方向，用力稍向下，再向后伸膝剪水，与上腿形成蹬剪水的动作。

3. 臂腿配合技术

当上面臂入水后，下面臂开始前移并收腿，上面臂划到腹下开始做推水动作时，下面臂向前伸，同时两腿用力向后蹬剪水。

（三）反蛙泳

1. 臂的动作技术

两臂自然伸直同时经空中在肩前入水，然后屈臂，掌心向后，使手和前臂对准划水方向，用力在体侧划水。划水结束后，两臂停留体侧，使身体向前滑行。

2. 腿的动作

反蛙泳腿的技术类似蛙泳，但由于身体仰卧水中，所以收腿、蹬腿时膝关节不能露出水面。收腿时，膝关节向两侧边收边分，大腿微收，小腿向侧下方收腿较多。然后用大腿发力使小腿和脚向侧后方蹬夹水。

3. 臂、腿和呼吸的配合技术

反蛙泳的配合技术有两种:一种是臂划水与蹬夹水同进行;另一种有手划水和蹬夹水交替进行。但手、腿各做一次动作之后身体自然滑行。一般在移臂时吸气,两臂入水后稍闭气,然后用口鼻均匀地呼气。

(四)潜泳

潜泳技术分为潜深技术和潜远技术。这里主要介绍潜远技术。

潜远技术主要采用蛙式潜泳技术,要求躯干和头的姿势始终保持水平,但是两臂开始划时要稍低头,以防止身体浮起。向前移臂时,收手屈肘,掌心向上,使手掌与前臂沿躯干下方前移,经腹、胸、头部向前伸直。蛙式潜泳腿的动作比一般蛙泳的腿收得少,两腿分开也较小。腿和臂的配合是收腿和臂前伸动作几乎同时开始,蹬水和划水结束后身体成一直线向前滑行,然后做下一个循环动作。

第三节　游泳运动的主要规则

一、游泳运动比赛场地

游泳对场地要求不高,池塘、河溪、湖泊、大海、游泳池等均可,但要注意卫生和安全。

国际标准游泳池长50m,宽至少21m,深1.80m以上。设8~9条泳道,每条泳道宽2.50m,分道线由直径5~10cm的单个浮标连接而成。运动员比赛必须站在出发台上出发(仰泳除外),出发台高出水面50~75cm,台面积为50cm×50cm。

二、游泳运动裁判员

游泳竞赛裁判通常包括:总裁判、技术检查裁判、发令裁判、转身检查裁判、计时裁判、终点裁判、编排记录裁判、检录裁判、司线员和报告员。如使用自动计时装置,还要有自动计时裁判。

三、各种游泳比赛的规定

(1)自由泳比赛中,可采用任何泳式,转身和到达终点可用身体任何部分触池壁。

(2)仰泳比赛中,运动员面对出发端,齐排于水中,两手抓住握手器,两脚应处于水面下,禁止站在水槽内或水槽上或用脚趾钩住水槽边。出发和转身后,运动员应蹬离池壁,并在整个游进过程中呈仰卧姿势。除做转身动作外,运动员必

须始终仰卧。仰卧姿势允许身体做转动动作,但不得转至与水平面成90°,头部位置不受此限。在整个游进过程中,允许运动员完全潜入水中。在出发和每次转身后,运动员潜泳距离不得超过15m。在15m前运动员的头必须露出水面。在转身过程中,运动员肩转动超过垂直面后,可进行一次单臂划水或双臂同时划水动作,然后开始滚翻,一旦改变仰卧姿势,就不允许做与转身无关的打水或划水动作。运动员必须呈仰卧姿势蹬离池壁。转身时运动员身体的某部分必须触壁。运动员到达终点时,必须以仰卧姿势触壁。

(3)蛙泳比赛中,出发和每次转身后,从第一次手臂动作开始,身体应保持俯卧姿势,两肩应与水面平行。两臂和两腿的所有动作都应同时在同一水面上进行,不得有交替动作。

两手应一起在水面、水下或水上由胸前伸出,并在水面或水下向后划水。除最后一个动作外,在手臂的完整动作过程中,两肘不得露出水面。除出发和每次转身后的第一次划水动作外,两手向后划水不得超过臀部。在蹬腿过程中,两脚必须做外翻动作,不允许做剪夹、震颤式或向下的海豚式打水动作。只要不做向下的海豚式打水动作,允许两脚露出水面。在每次转身和到达终点时,两手应在水面、水上或水下同时触壁,触壁前两肩应与水面平行。在触壁前的最后一个向后划水动作结束后,头可以潜入水中,但在触壁前的一个完整或不完整的配合动作中,头应部分露出水面。在每个以一次划臂和一次蹬腿顺序完成的完整动作周期内,运动员头的某一部分应露出水面。只有在出发和每次转身后,运动员可在全身没入水中时,做一次手臂充分的向后划至腿部的动作和一次蹬腿动作,但在第二次划臂至最宽点前和在两手向内划水前,头必须露出水面。

(4)蝶泳比赛中,运动员除做转身动作时,身体必须始终俯卧。从出发和每次转身后的第一次手臂动作开始,至下一个转身或到达终点止,两肩应与水面平行。任何时候都不允许转呈仰卧姿势。两臂必须在水面上同时向前摆动,并同时向后划水。两脚的动作必须同时进行,允许两腿和两脚在垂直面上同时做上下打水动作。两腿或两脚可不在同一水面上,但不允许有交替动作。在每次转身和到达终点时,两手应在水面、水上或水下同时触壁,触壁前两肩应与水面平行。在出发和每次转身后,允许运动员在水下做一次或多次打水动作手一次划水动作,这次划水动作必须使身体升到水面。

(5)个人混合泳的比赛顺序是:蝶泳、仰泳、蛙泳、自由泳(仰泳、蛙泳、蝶泳以外的任何泳式)。

(6)混合泳接力的比赛顺序是:仰泳、蛙泳、蝶泳、自由泳(仰泳、蛙泳、蝶泳以外的任何泳式)。

四、游泳比赛的犯规

(1)游泳比赛时,运动员必须在自己的泳道内直至比赛完毕,否则即算犯规。

(2)游出本泳道或用其他方式干扰、阻碍其他运动员者应取消其录取资格。

(3)由于某运动员犯规而影响了被干扰、阻碍的运动员获得优良成绩时,则应准许被干扰、阻碍的运动员补测成绩或直接参加决赛。如在决赛中发生上述情况,应令该组重新决赛。

(4)决赛中,运动员转身时必须使身体某一部分触及池壁。转身必须从池壁完成,不得在池底跨越或行走,否则即算犯规。

(5)在自由泳比赛中,可在池底站立,但不得跨越或行走,否则即算犯规。

(6)在比赛中,运动员不得使用或穿戴任何有利于其速度、浮力的器具,否则即算犯规。在比赛中不允许陪游、带游,不允许采用速度诱导作用的办法,否则即算犯规。

(7)每一个接力队应有四名队员,接力比赛中任何一名队员犯规即算该队犯规。任何接力队员在一次接力比赛中只能参加一棒比赛。

(8)接力比赛时,如本队的前一名运动员尚未触及池壁,而后一名运动员即离台出发,应算犯规。如该运动员重新返回并以身体任何部分触及池壁再进行游出时,不作犯规论。

(9)运动员到达终点后或接力比赛每一棒运动员游完后,应在不影响其他运动员比赛的情况下尽快离池,否则即判犯规。

(10)在比赛过程中,未参加比赛的运动员如果下水,将取消其原定的下一次的比赛资格。

比赛赏析

视频11-1　游泳比赛视频

复习思考题

1. 简述游泳运动的分类。
2. 游泳比赛的犯规有哪些？
3. 简述蛙泳腿部动作要领。
4. 自由泳的呼吸是如何与手臂进行配合的？

参考文献

[1] 沈倬. 大学体育. 北京：石油工业出版社，2001.
[2] 齐国栋. 体育与健康教程. 北京：石油工业出版社，2004.
[3] 通识教育规划教材编写组. 大学体育：AR + 慕课版. 北京：人民邮电出版社，2017.
[4] 沈达政，王华军. 大学体育与健康教程. 北京：科学出版社，2011.
[5] 张振县，卿洪华. 大学生体育与健康教程. 长沙：中南大学出版社，2016.